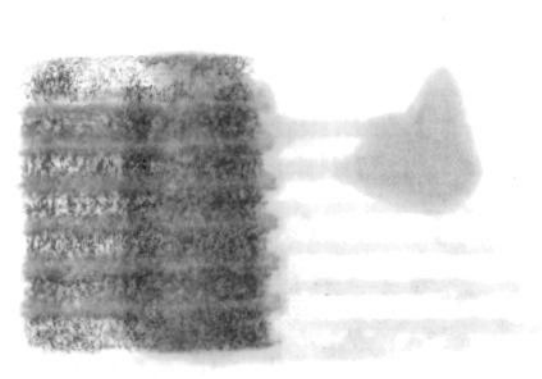

本书出版得到湖北农村发展研究中心
现代农业产业发展研究中心开放基金资助

农业经济管理国家重点学科
农业与农村经济发展系列研究

创业者的社会资本与农村微型企业创业

黄　洁◎著

科学出版社
北　京

内 容 简 介

农民以农村微型企业为载体进行创业，从形势上看具有必要性，从政策上看具有合法性，从实践上看具有普遍性，因此，需要学界的理论关怀。考虑到我国国情，农民的社会资本可能是一种极具弹性和活力的创业资本，本书将从农民创业者的社会资本角度出发，来探讨农村微型企业的创业过程。研究聚焦在三个具体的问题上。第一，农村微型企业创业者的初始社会资本在创业机会识别中扮演什么角色？第二，为了农村微型企业的生存，创业者的初始社会资本的发展趋势是什么，是什么原因导致存在这样一种趋势？第三，初始社会资本经过农村微型企业创业者有意识的动态发展之后，将形成专门服务于创业企业的商业网络嵌入，这种商业网络嵌入对创业绩效将产生什么样的效果？三个问题的答案将形成对农村微型企业创业过程的规律性认识。

本书适合于农业经济管理和创业管理领域的高等院校师生及研究人员阅读。

图书在版编目(CIP)数据

创业者的社会资本与农村微型企业创业 / 黄洁著. —北京：科学出版社，2015

（农业与农村经济发展系列研究）

ISBN 978-7-03-043519-4

Ⅰ. ①创… Ⅱ. ①黄… Ⅲ. ①农村-企业家-社会资本-关系-小型企业-企业管理-研究-中国 Ⅳ. ①F279.243

中国版本图书馆 CIP 数据核字（2015）第 040135 号

责任编辑：林 剑 / 责任校对：邹慧卿

责任印制：徐晓晨 / 封面设计：王 浩

科学出版社出版

北京东黄城根北街 16 号

邮政编码：100717

http://www.sciencep.com

北京科印技术咨询服务公司印刷

科学出版社发行 各地新华书店经销

*

2015 年 1 月第 一 版 开本：720×1000 1/16

2017 年 1 月第三次印刷 印张：10 5/8

字数：200 000

定价：88.00 元

总　序

农业是国民经济中最重要的产业部门，其经济管理问题错综复杂。农业经济管理学科肩负着研究农业经济管理发展规律并寻求解决方略的责任和使命，在众多的学科中具有相对独立而特殊的作用和地位。

华中农业大学农业经济管理学科是国家重点学科，挂靠在华中农业大学经济管理学院和土地管理学院。长期以来，学科点坚持以学科建设为龙头，以人才培养为根本，以科学研究和服务于农业经济发展为己任，紧紧围绕农民、农业和农村发展中出现的重点、热点和难点问题开展理论与实践研究，21 世纪以来，先后承担完成国家自然科学基金项目 23 项，国家哲学社会科学基金项目 23 项，产出了一大批优秀的研究成果，获得省部级以上优秀科研成果奖励 35 项，丰富了我国农业经济理论，并为农业和农村经济发展作出了贡献。

近年来，学科点加大了资源整合力度，进一步凝练了学科方向，集中围绕“农业经济理论与政策”、“农产品贸易与营销”、“土地资源与经济”和“农业产业与农村发展”等研究领域开展了系统和深入的研究，尤其是将农业经济理论与农民、农业和农村实际紧密联系，开展跨学科交叉研究。依托挂靠在经济管理学院和土地管理学院的国家现代农业柑橘产业技术体系产业经济功能研究室、国家现代农业油菜产业技术体系产业经济功能研究室、国家现代农业大宗蔬菜产业技术体系产业经济功能研究室和国家现代农业食用菌产业技术体系产业经济功能研究室等四个国家现代农业产业技术体系产业经济功能研究室，形成了较为稳定的产业经济研究团队和研究特色。

为了更好地总结和展示我们在农业经济管理领域的研究成果，出版了这套农业经济管理国家重点学科《农业与农村经济发展系列研究》丛书。丛书当中既包含宏观经济政策分析的研究，也包含产业、企业、市场和区域等微观层面的研究。其中，一部分是国家自然科学基金和国家哲学社会科学基金项目的结题成果，一部分是区域经济或产业经济发展的研究报告，还有一部分是青年学者的理论探索，每一本著作都倾注了作者的心血。

本丛书的出版，一是希望能为本学科的发展奉献一份绵薄之力；二是希望求教于农业经济管理学科同行，以使本学科的研究更加规范；三是对作者辛勤工作的肯定，同时也是对关心和支持本学科发展的各级领导和同行的感谢。

李崇光

2010年4月

前　言

我国改革开放以来的三次制度变迁与改革浪潮造就了三代中国企业家。这三代企业家成为中国三次经济发展的主要动力。我国第一次创业浪潮大致发生在20世纪80年代，主角就是农民。但是，这次由农民引领的创业浪潮并没有从整体上、根本上改变农民贫穷的生活境况和农村落后的面貌。20世纪90年代后期，由来已久的“三农”（农村、农业和农民）问题更加凸显。“三农”问题中农民问题的解决的突破口在于增加农民收入。但是，中国农民无论是停留在传统农业还是进城务工，其增收都受到一定制约。

党的十七大报告明确提出，要“坚持实行积极的就业政策，落实以创业带动就业的方针，加强就业和创业培训，鼓励自谋职业和自主创业，支持创办小型企业”。因此，农民自己创业成为解决农民增收问题的重要途径之一。而农民身份和其微薄的积蓄决定了农民在城市创业缺乏优势，农村微型企业必然成为其主要的创业组织形式。在农村微型企业创业中，虽然农民的财务资本和人力资本比较匮乏，但是农民嵌入在一定的社会网络之中，通过对社会网络中的血缘关系、地缘关系和业缘关系的利用，农民能够获取丰富的社会资本，从而为农村微型企业创业提供重要支持。基于以上分析可以得出以下三个基本判断：农民创业是解决农民增收问题的重要途径之一；农村微型企业是农民创业的重要载体；创业者社会资本能够为农村微型企业创业过程提供重要支持。由这三个基本判断产生了本书的研究选题——“创业者的社会资本与农村微型企业创业”。

这个选题的研究目的在于从创业者的社会资本视角来探讨农村微型企业创业的相关规律。为了达到研究目的，本书又把研究聚焦在三个具体的问题上。这三个问题分别是：第一，农村微型企业创业者的初始社会资本在创业机会识别中扮演什么角色？第二，为了农村微型企业的生存，创业者的初始社会资本的发展趋势是什么？是什么原因导致存在这样一种趋势？第三，初始社会资本经过农村微型企业创业者有意识的动态发展之后，将形成专门服务于创业企业的商业网络嵌入，这种商业网络嵌入对创业绩效将产生什么样的效果？为了系统、准确地回答以上三个问题，对本书内容作出如下安排。

第一，做细致的文献梳理和中肯的文献评价。本书第 2 章系统回顾社会资本对机会识别的影响、社会资本的动态发展以及社会资本对创业绩效的影响等方面的文献，从中归纳已经发现的规律或者关系。在此基础上，对已有研究作出客观评价，找出其研究不足，从而为三个具体研究问题搭建文献平台。

第二，阐述理论基础并对选题所涉及的主要概念进行界定。本书第 3 章先是提出开展本课题研究的三大理论基础：创业与创业过程理论、社会资本理论和资源基础理论；随后进行了主要概念界定，包括农村微型企业、农村微型企业创业、农村微型企业创业者的社会资本、农村微型企业创业者的机会识别等。

第三，回答“农村微型企业创业者的初始社会资本在创业机会识别中扮演什么角色？”这一问题。本书用两章篇幅从不同侧面对该问题予以回答。第 4 章主要运用多分逻辑回归方法，在大样本调查数据基础上，探究了农村微型企业创业者初始社会资本对三种机会识别类型的预测能力。其主要研究结论有：农村微型企业创业者初始社会资本中的强连带关系数量越多，越有可能导致机会认出；弱连带关系数量越多，越有可能导致机会创造。同时，先前自我雇佣经验对初始社会资本的预测能力有干扰作用。

第四，由于返乡农民工创业是农村微型企业创业的一个重要组成部分，因而本书专门研究了返乡农民工的初始社会资本对其创业机会识别的影响。本书的第 5 章以湖北省两个自然村的 14 位返乡创业农民工的深度访谈数据为基础，运用扎根理论方法，构建出连带关系在返乡农民工创业机会识别中的相对影响力模型，得出本地强连带关系对其机会识别更具影响力的基本判断；同时，运用“社会资源”和“信任”等社会学重要概念，对外地弱连带关系为什么断裂进行了深入的分析。

第五，回答“为了农村微型企业的生存，创业者的初始社会资本的发展趋势是什么？是什么原因导致存在这样一种趋势？”这一问题。本书第 6 章将运用探索性的案例研究方法，在 14 个农村微型企业创业者的访谈数据基础上，揭示农村微型企业创业者的社会资本的动态发展趋势以及背后的原因。研究发现，农村微型企业创业者的社会资本的总体发展趋势是：不倾向于建立强连带关系，而倾向于建立弱连带关系和关系信任。农村微型企业创业者不倾向于建立强连带关系的原因有：企业生存对农民群体的依赖性、供应商的高度竞争性、强连带关系建立的受制约性和创业的兼业性质。农村微型企业创业者之所以倾向于建立弱连带关系，其原因是：弱连带关系能够增加销售以及方便地讨论利益而不受紧密关系的束缚。农村微型企业创业者倾向于建立与客户的关系信任，因为它是交易的前提、能够巩固客户群、形成声誉，有时还是交易成功的关键，不信任会产生负声誉，而农村市场会放大关系信任的积极或者消极作用，使得关系信任对于企业的生存极为重要。研究还发现，大部分农村微型企业创业者也倾向于建立与供应商的关系信任，因为它有助于共同解决问题、降低交易成本以及获得准确产品质量信息。但是，供应商的高度竞争性会降低农村微型企业创业者建立与供应商的关系信任的倾向。

第六，回答“初始社会资本经过农村微型企业创业者有意识的动态发展之后，将形成专门服务于创业企业的商业网络嵌入，这种商业网络嵌入对创业绩效将产生什么样的效果?”这一问题。本书第 7 章运用调节回归方法，在大样本调查数据基础上，主要探讨经农村微型企业创业者动态发展的社会资本，即商业网络嵌入，对初创企业绩效的影响。研究结论是：在农村微型企业中，农村微型企业创业者商业网络嵌入中的强连带关系数量和关系信任显著正向影响了初创企业绩效，而弱连带关系数量对绩效没有显著影响。同时，机会创新性对初创企业绩效虽然没有显著的直接影响，但它调节了创业者社会资本和初创企业绩效的关系。

第七，提出研究启示。到此为止，本书已经通过四个相对独立而又一脉相承的子研究对先前提出的三个具体研究问题进行了回答。这四个子研究还带给人们一些研究启示，列在第 8 章中。其中，研究的管理启示包括：第一，农村微型企业创业者应该充分利用和调动自身强连带关系以富集资源，开展创业、改善生计；第二，要加强弱连带关系的建立，充分发挥弱连带关系的信息传递作用；第三，要着力培养关系信任，对狭小市场进行精耕细作式开发。而其政策启示在于：政府要充当好“结构洞”角色，以有效弥补农村微型企业创业者“信息弱连带”的缺乏。为此，政府的工作可以从两方面着手：一是主动搜集并让农民接近新信息；二是帮助农民解读信息。同时，本章还指出研究的不足以及未来的研究方向。

目　　录

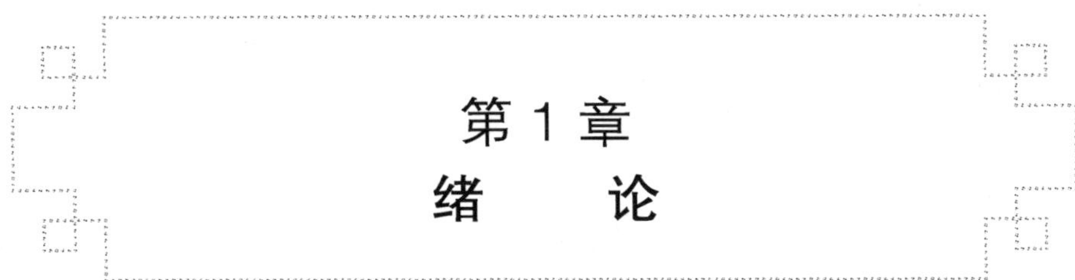

第 1 章 绪 论

1.1 选题由来与研究意义

1.1.1 选题由来

在中国，农民创业有着很好的历史传统。改革开放以来的三次制度变革浪潮催生了三代中国企业家。这三代中国企业家也是我国三次经济发展的主要动力。其中，第一次创业浪潮发生在20世纪80年代，主角就是农村的“能人”。这些农村“能人”由农民转变为个体户，成为推动中国20世纪80年代经济高峰的一个浪潮（张维迎，2006）。但是，这次浪潮并没有从整体上、根本上改变农民贫穷的生活境况和农村落后的面貌。进入20世纪90年代后期，由来已久的“三农问题”不仅没有得到解决，反而日益凸显。直至现在，“三农问题”依然是政府关注但没有完全解决的一个重大问题。

“三农问题”中“农民问题”的解决重点在于增加农民收入。但是农民收入增加遇到诸多现实的障碍。第一，农民通过进城打工来增加收入的途径受到城市有限的吸纳能力的制约。特别是在一些省会城市和直辖市，农村劳动力向城市的转移明显遭遇城市就业机会紧张、基础设施承载能力有限等阻碍。第二，新劳动合同法和国际金融危机加重了这种的影响。自2008年1月1日起施行的新劳动合同法中关于用工的更为严格的规定增加了企业成本，而2008年暴发的金融危机则使得大量出口型企业不得不减少产量。珠江三角洲、长江三角洲及中西部地区部分中小企业出现停产、半停产，一些劳务输出大省出现农民工成批回流现象；并且，这一趋势由于当下国际经济的整体衰退在短期内不能彻底改变。第三，农村耕地的减少和农业技术进步使得对农业劳动力的数量需求在逐年下降，新增农业隐形失业人数在逐年上升。最后，传统的种植业位于农产品价值链的最低端，对单纯从事种植业的农民而言，增收空间十分有限。

2008年10月12日，党的十七届三中全会通过的《中共中央关于推进农村改革发展若干重大问题的决定》。该《决定》对农民增收提出了明确的要求，即到2020年，农民人均纯收入比2008年翻一番。2008年3月5日，温家宝在第十一届全国人民代表大会第一次会议上提到，要“坚持实行积极的就业政策，落实以创业带动就业的方针，加强就业和创业培训，鼓励自谋职业和自主创业，支持创办小型企业”。因此得出基本判断之一——农民创业是解决农民增收问题的重要途径。

通过农业生产和外出打工，农民可以为日后的自我创业积累一定的资源。但是，这些资源总体上讲还相对匮乏。学界的已有研究表明，打工经历可以为返乡农民工的创业带来资金、技术、信息和管理经验、创新精神以及销售渠道（张茂林，1996；王西玉等，2003；刘唐宇，2009）；同时研究也显示，打工积累的人力资本和财务资本是明显不足的（王西玉等，2003）。人力资本和财务资本的匮乏使得农民的创业规模和创业内容受到局限。在实践中，从事简单加工业、服务业、建筑业和专业种养的微型企业已成为农民创业的主要载体。在农村，到处可见的小作坊、小卖部、小建筑队和种养殖专业户，有的进行过工商注册登记，但是还有相当大一部分游离于工商管理之外的，而这些微型经济单元，从广义上说，都属于微型企业这一范畴。

笔者还观察到，多数农民创业者是在农村地区（县城及其以下地区）创业。可能的原因是：第一，在本县或邻县的集镇或县城创业，能够利用零碎时间兼顾农业生产、照顾老人和孩子；第二，农村地区的生活成本要低于城市的生活成本；第三，就人力、资金和技术而言，大部分农民在城市创业缺乏比较优势；第四，农村土地等自然资源丰富，劳动力相对便宜，在农村地区比较容易建立原材料供应基地和开拓销售市场。

基于以上两点分析，得出基本判断之二——农村微型企业是农民创业的重要载体。

农村微型企业的创业者是农民。农村微型企业创业者跟一般创业者一样，是基于个人财务资本、人力资本和社会资本三种资源禀赋进行创业（Firkin，2001）。但是，我国农民并不具有一般创业者的显著特征，即拥有较为丰富的财务资本和人力资本。相反，他们的财务资本和人力资本非常匮乏，创业往往与缓解或脱离贫困紧密相连。

中国传统社会是“农耕社会”（金耀基，1992），这一社会的基本特征之一是社会的主要组织形式是家庭组织和血缘关系。费孝通（1998）在《乡土中国》中明确地讲到，中国传统社会是以家庭为核心的血缘关系，而“血缘关系的投影”又形成地缘关系，血缘关系与地缘关系是不可分离的。中国传统社会自民国开始渐进变迁。新中国成立以后，特别是改革开放以来，受西方文化的冲击，社会文化的某些特征有所改变。总体来说，一方面，作为“差序格局”基础的血缘关系和地缘关系仍然是当代中国农民主导性的人际关系（卜长莉，2003）；另一方面，随着工业化程度的不断提高、农村人口和城市人口的双向流动，业缘关系也成为农民的一种重要人际关系。血缘关系、地缘关系和业缘关系都能够给农民带来有价值的社会资本。

虽然农民的财务资本和人力资本匮乏；但是，农民嵌入在一定的社会网络之中，通过对社会网络中的血缘关系、地缘关系和业缘关系的利用，能够获取丰富的社会资本。社会资本不仅能带来人力资本和财务资本（Coleman，1990；Burt，1992），而且能增加人力资源和财务资本的回报（Coleman，1988；Putnam，1993）。国内已有研究也表明，农民的社会资本对其提高经济地位、提升生活满意度、增加收入等，都具有积极的作用（赵延东和王奋宇，2002；陈成文和王修晓，2004；李晴等，2009）。

由此得出基本判断之三——创业者社会资本能够为农村微型企业创业过程提供重要支持。

以上三个基本判断指出两个方面的信息。一方面，农民以农村微型企业为载体进行创业，从形势上看具有必要性，从政策上看具有合法性，从实践上看具有普遍性。因此，需要学界进一步的理论关怀。另一方面，就一个创业者必须拥有的三种主要创业资本（人力资本、财务资本和社会资本）而言，农民的社会资本可能是最具有弹性和活力的，它很可能为农村微型企业创业提供重要支持。因此，本书的研究选题确定为“创业者的社会资本与农村微型企业创业”。

这个选题直观上说明本书的研究对象是农村微型企业；研究的切入点是农村微型企业创业者的社会资本；研究的目的则是从创业者的社会资本视角来探讨农村微型企业创业的相关规律。

1.1.2 研究意义

本书的理论意义有三。第一，以创业过程理论、社会资本理论以及资源基础理论为指导，对本书所涉及的四个子研究分别提出理论模型，即农村微型企业创业者初始社会资本对创业机会识别类型的预测能力模型、连带关系对返乡农民工创业机会识别的相对影响力模型、农村微型企业创业者社会资本的动态发展趋势模型以及农村微型企业创业者商业网络嵌入对创业绩效的影响模型。

这四个理论模型比较全面地展示了农村微型企业创业者社会资本和农村微型企业创业的关系。它们虽不完美，但可以丰富农民创业领域的研究，为同类问题研究提供参考。

第二，响应了学界对创业管理研究重心应该放置在“挖掘活动与活动之间、要素与活动之间的内在联系”的号召。张玉利和杨俊（2009）指出，与单纯考察要素与结果以及活动与结果关系的做法相比较，挖掘活动与活动之间、要素与活动之间的内在联系，更有助于揭示创业绩效的成因和创业活动的内在机理。本书对三个具体研究问题的回答展现了农村微型企业创业的一个动态过程以及该过程中隐含的规律。对三个具体研究问题的回答依次揭示了要素（社会资本）对活动（机会识别）、活动（追求企业生存）对要素（社会资本）以及要素（社会资本）对结果（创业绩效）的影响。

第三，对不具有成长性的微型企业创业研究作出有益探索。Birch 于 1979 年在其《工作岗位生成过程》中指出，小企业创造了美国新增工作的绝大部分，从而引起了人们对小企业创业的关注。但是，Birch 所指的小企业是那些成长迅速、能够提供不断增加的就业岗位的小企业。随后的小企业创业研究基本上也是围绕具有高成长性的小企业展开。农村微型企业存在的主要目的是解决农民生计问题，成长性较弱，且不能提供较多的工作岗位。但是，中国农村微型企业在实践中大量存在，它们不仅为众多农民提供了生存机会和比从事农业更高的收益，同时为繁荣农村经济、方便农民生活作出不可小觑的贡献。本书对农村微型企业创业规律所开展的研究拓展了创业研究的范围，对不具有成长性的微型企业作出了探索性的研究。

本书的现实意义在于，所探讨得到的关于农村微型企业创业者社会资本和农村微型企业创业的关系规律的认识，不仅能为农民主动利用和培育社会资本进行创业机会识别，前摄性地对社会资本进行动态跟踪，以及最终借助更高层次的社会资本来提高企业创业绩效提供理论指导和经验借鉴；还可以为政府有效地组织和配置集体社会资本，以弥补农村微型企业创业者个体社会资本的不足，提供理论指导和决策参考。

1.2 逻辑主线与研究方法

1.2.1 逻辑主线

本书的研究对象是农村微型企业。无论是处于诞生阶段的农村微型企业，还是处于求生存阶段的农村微型企业，从创业者的社会资本的视角来探讨农村微型企业创业的相关规律仍然是个大课题。因此，本书又把研究聚焦在三个具体的问题上。这三个问题分别是：第一，农村微型企业创业者的初始社会资本在创业机会识别中扮演什么角色？第二，为了农村微型企业的生存，创业者的初始社会资本的发展趋势是什么，是什么原因导致存在这样一种趋势？第三，初始社会资本经过农村微型企业创业者有意识的动态发展之后，将形成专门服务于创业企业的商业网络嵌入，这种商业网络嵌入对创业绩效将产生什么样的效果？这三个问题显然具有逻辑上的一贯性。对这三个问题的逐一回答就是本书的逻辑主线。文献综述、理论基础和概念界定都服务于这条逻辑主线。图 1-1 反映了本书的逻辑主线。

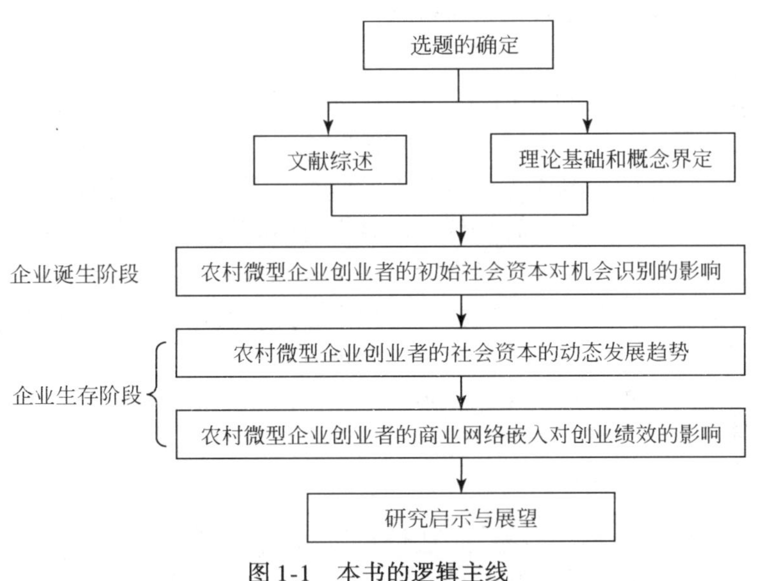

图 1-1　本书的逻辑主线

1.2.2　研究方法

本书在对三个问题，即第一，农村微型企业创业者的初始社会资本在创业机会识别中扮演什么角色；第二，为了农村微型企业的生存，创业者的初始社会资本的发展趋势是什么，是什么原因导致存在这样一种趋势；第三，初始社会资本经过农村微型企业创业者有意识的动态发展之后，将形成专门服务于创业企业的商业网络嵌入，这种商业网络嵌入对创业绩效将产生什么样的效果的回答中，综合运用理论研究、实地调查、扎根理论、计量分析和案例研究等方法。

（1）理论研究。到目前为止，尽管从社会资本视角来研究创业的文献很多，但研究农村微型企业的文献非常少，至于研究农村微型企业创业者的社会资本与农村微型企业创业之间的关系规律的文献几乎没有，因此需要做大量理论研究工作。笔者所做的理论研究工作主要包括：第一，系统梳理社会资本对机会识别的影响、社会资本的动态发展以及社会资本对创业绩效的影响等三个研究方向的文献；从现有文献中总结出被发现的关系规律并对现有研究作出评价。第二，基于先前研究不足和本书研究选题需要，完成理论遴选，找到最适合本书选题的理论基础。第三，在已有小微企业理论和现实考量基础上，对重要概念进行界定。第四，在文献述评和合理理论逻辑片段借鉴和整合的基础上，为有关实证研究搭建理论分析框架。

（2）实地调查。针对四个子研究的研究需要，先后开展了四次实地调查。其中，两次采用结构化问卷调查。采用结构化问卷所进行的实地调查分为两步，首先是开展预调查，然后才是大规模的正式调查。预调查主要是在正式调查之前，对要调查的内容先进行小范围的调查，了解问卷中存在的问题，然后进行修改。鉴于研究选题的特殊性，问卷中的内容将以自编为主，辅之以对经典问卷的借鉴。同时，在设计问卷时尽可能找到这些问卷的起源以及后续研究对这些问卷的发展，并且在研究进行过程中，还将通过专家访谈和预调查的结果，评估问卷设计及用词方面的恰当性并进行修订。

另外两次采用半结构化问卷调查。在实践中，除了采用结构化提问收集被调查者基本信息之外，主要借助开放式问题进行深度访谈，从而为扎根理论和探索性案例研究方法的使用提供厚重的数据。

（3）计量分析方法。对通过结构化问卷收集上来的数据，将主要通过以下计量分析方法进行理论模型验证，并在此基础上衡量与检验有关理论、观点和假说的正确性。第一，描述性统计分析，主要是进行常规统计分析。第二，多分逻辑回归分析，第 4 章将采用该方法，以农村微型企业创业者机会识别类型作为因变量，将初始社会资本中的强连带数量和弱连带数量作为自变量引入，考察其对因变量机会识别类型的影响。第三，多元调节回归分析，第 7 章将采用该方法，以农村微型企业创业绩效为因变量，将创业者商业网络嵌入中的强连带数量、弱连带数量和关系信任作为自变量逐个引入，再引入各自与机会创新性的交互项，从而选择有显著性的自变量，并判断交互作用项是否显著。

（4）扎根理论方法。第 5 章将采用扎根理论方法，扎根于 14 典型个案的资料与信息，借助资料分解、概念化和检验比较方法，揭示返乡农民工初始社会资本中的本地强连带关系和外地弱连带关系对返乡农民工创业机会识别的相对影响力。

（5）案例研究方法。案例研究方法是一种实证研究方法，它特别适用于三种情景：需要回答“怎么样”、“为什么”的问题；研究者几乎无法对研究对象进行控制的问题；关注的重心是当前现实生活中的实际问题（Yin，2003）。其中，探索性案例研究主要适用于可供获取的研究文献无法提供合适的理论框架的情形。本书的研究对象——农村微型企业，是被主流管理学所忽视的一类企业，相关理论研究文献极少，因此选择了探索性案例研究方法。

1.3 研究内容与创新之处

1.3.1 研究内容

上一节已经提到，本书要回答具体研究的问题有三个。围绕这三个问题，全书共分八章展开论述。

第1章 绪论。从三个基本判断出发，确定本书的选题，指出研究的理论意义和现实意义；在明确全书的逻辑主线和研究方法的基础上，列示主要研究内容和可能的创新点。

第2章 文献综述。第2章系统回顾社会资本对机会识别的影响、社会资本的动态发展以及社会资本对创业绩效的影响等方面的文献，从中归纳已经发现的规律或者关系；在此基础上，对已有研究作出客观评价，找出其研究不足，从而为三个具体研究问题搭建文献平台。

第3章 理论基础和主要概念界定。第3章首先提出开展本课题研究的理论基础：创业与创业过程理论、社会资本理论和资源基础理论；随后进行了主要概念界定，包括农村微型企业、农村微型企业创业、农村微型企业创业者的社会资本、农村微型企业创业者的机会识别等。

第4章 农村微型企业创业者初始社会资本对机会识别类型的影响。第4章运用多分逻辑回归方法，在大样本调查数据基础上，探究了农村微型企业创业者初始社会资本对三种机会识别类型的预测能力。

第5章 连带关系对返乡农民工的创业机会识别的影响力。由于返乡农民工创业是农村微型企业创业的一个重要组成部分；因此，第5章专门研究了返乡农民工的初始社会资本对其创业机会识别的影响。本章以湖北省两个自然村的14位返乡创业农民工的深度访谈数据为基础，运用扎根理论方法，构建出连带关系在返乡农民工创业机会识别中的相对影响力模型。

第 6 章　农村微型企业创业者社会资本的动态发展趋势及原因。第 6 章运用探索性的案例研究方法，在 14 个农村微型企业创业者的访谈数据基础上，揭示为了农村微型企业的生存，创业者的社会资本的动态发展趋势以及背后的原因。

第 7 章　农村微型企业创业者的商业网络嵌入对初创企业绩效的影响。第 7 章运用多元调节回归方法，对农村微型企业创业者动态发展的社会资本，即商业网络嵌入（包括强连带数量、弱连带数量和关系信任）对初创企业绩效的影响进行了实证研究。该研究还同时考虑了机会创新性对商业网络嵌入和创业绩效关系的调节作用。

第 8 章　研究启示及研究展望。

1.3.2　创新之处

（1）选题创新。从社会资本视角研究创业问题并不鲜见；但是，很少有人从该理论视角研究农村微型企业创业。“农村微型企业”的提法是 2008 年以后才出现的，本书选题可谓应运而生。本书从农村微型企业创业者的社会资本出发，以创业过程理论、社会资本理论和资源基础理论为理论基石，综合运用多种研究方法，专门研究我国“农村微型企业创业”问题，遵循一条逻辑主线，开展 4 个子研究。目前尚未见到类似研究文献，这是一个较为新颖的研究选题。

（2）导入新的研究方法。本书注重传统研究方法和管理学领域新近流行方法的综合运用。研究中不仅使用了传统的实证研究方法，以“统计式归纳”逻辑开展研究；还使用了扎根理论方法和探索性案例研究方法，以“分析式归纳”逻辑建立理论模型。特别是扎根理论和探索性案例研究方法的运用，使得相关理论模型提炼深深扎根于农村微型企业的调查数据，从而有力提升了理论模型的现实意义。作为传统实证研究时使用了多分逻辑回归和多元调节回归计量模型。其中，多分逻辑回归模型在创业研究领域的使用并不多见。

（3）研究结论创新。本书所涉及的 4 个子研究或多或少得出了具有创新意义的结论。主要有以下几条：第一，农村微型企业创业者初始社会资本中的强连带数量越多，越有可能导致机会认出；弱连带数量越多，越有可能导致机会创造。第二，在返乡农民创业机会识别中，本地强连带关系比外地弱连带关系对机会识别更具影响力。第三，农村微型企业创业者社会资本的总体发展趋势是，不倾向于建立强连带关系，而倾向于建立弱连带关系和关系信任。但是，农村微型企业创业者建立的弱连带关系大多属于“客户弱连带关系”，而非“信息弱连带关系”，只能在一定范围内增加销售。第四，农村微型企业创业者商业网络嵌入中的强连带数量和关系信任，显著正向影响了初创农村微型企业绩效，而弱连带数量对绩效没有显著影响。以上结论比较具体，对创业者提高农村微型企业的生存率和政府制定有效的创业扶持政策具有重要的现实意义。

第2章
文献综述

本书选题的研究目的在于从创业者的社会资本视角来探讨农村微型企业创业的相关规律。为了达到研究目的，本书又把研究聚焦在三个具体的问题上（详见第1章1.2节）。为了回答这三个问题，本书将对三个方面的文献进行梳理，即社会资本对机会识别的影响、社会资本的动态发展以及社会资本对创业绩效的影响。

2.1 社会资本对机会识别影响的文献综述

不管是机会客观存在派，还是机会主观创造派，他们都承认，创业者社会资本在机会识别过程中扮演重要角色。原因在于，机会识别过程需要信息资源，个人受制于自身加工和储存信息的能力的限制而只能是有限理性的（Simon，1976），能够带来信息资源的社会资本可以扩大决策者理性决策的范围。同时，社会资本也能为创业者直接提供资源摄取。社会资本对机会识别影响的先前研究颇为丰富。本书将从网络规模、网络连带和网络资源三方面进行文献回顾。

2.1.1 网络规模与机会识别

Bourdieu（1977）指出："特定行动者占有的社会资本的数量，依赖于行动者可以有效加以运用的联系网络的规模大小，依赖于和他有联系的每个人以自己的权力所占有的资本数量的多少。"大的社会网络较之于小的网络包含更多提供信息的能力（Burt，1992；Granovetter，1973）。

Hills等（1997）发现，有更广社会网络的创业者能显著识别更多的机会。Singh等（1999）研究结果显示，网络规模显著地同创业的新想法和认知机会成正比。张玉利等（2008）指出，创业者所嵌入的网络规模越大越有助于接触到丰富多样的信息，从而发现更具有创新性的机会。他们通过问卷调查证明创业者所嵌入的网络规模对机会创新性有显著正向预测作用。但是，Tornikoski 和 Newbert（2007）基于创业动态跟踪调查（PSED）数据进行的研究表明，网络规模对创业者的创业决策影响并不显著。张青和曹尉（2010）研究发现，网络规模对个人网络创业机会识别具有非常显著的正相关影响，但网络密度和互动强度对个人网络创业机会识别不具有正相关影响。

2.1.2 网络结构与机会识别

Granovetter（1973）引入强连带关系、弱连带关系概念，并从互动频率、感情强度、亲密程度和互惠交换等 4 个维度将关系分为强连带关系（strong ties）和弱连带关系（weak ties）。后来的学者围绕强连带关系和弱连带关系对机会识别的作用做过大量研究。

（1）强连带关系与机会识别。强连带关系是指那些持久的、联系频繁的、感情亲密的关系（Granovetter，1973）。Krackhardt（1992）认为强连带关系能够消除交易双方的疑惑，从而有助于形成信任和互惠，在此基础上，强连带关系能够传递复杂信息（Hansen，1999）。Coleman（1988）根据其封闭网络的观点，认为由强连带关系组成的稠密网络有利于信息在个人之间流动，方便个人对信息摄取，并提高了信息检索的正确性，原因是强连带关系造成了彼此的责任和共同理解，因此减少了不确定性风险。但也有不同的看法，Nelson（1989）认为强连带关系倾向于传递冗余信息，而新信息的扩散往往通过弱连带关系。

Aldrich 和 Zimmer（1986）发现，与资源提供者的强连带关系将便于掌握资源，并提高机会利用的可能性。Western（1994）发现，如果父母是创业者，那么子女更有可能在成年后成为创业者。Hout 和 Rosen（2000）都发现父辈的自我雇佣和儿子的自我雇佣存在正相关关系。Aldrich 等（1987）研究发现在新企业成立和创业者平均每周花在联系个人网络中 5 个人上的时间正相关，这 5 个人是创业者特别想与之讨论他们的生意的人。Davidsson 和 Honig（2003）研究发现，基于强连带关系的联结社会资本对新生创业者有很好的预测作用。但是，Tornikoski 和 Newbert（2007）的研究则显示，网络内的连带关系的强弱对创业者的创业决策的影响并不显著。Ma 和 Huang（2008）检验了国家文化，特别是个人主义-集体主义（individualism-collectivism，IC）维度对社会资本的调节作用。结果发现文化的不同对网络连带关系的有用性影响非常显著。在集体主义文化中，弱连带关系可能成为机会认知的障碍，而强连带关系则具有优势。强连带关系使人们相互信任并把对方当做集团内成员，信息的传递没有障碍、使用起来更为方便。这和 Bian（1997）基于中国数据的研究结果一致。

（2）弱连带关系与机会识别。弱连带关系指偶然的熟人关系，通过弱连带关系比通过强连带关系更容易获得信息，维持紧密联系需要高成本，但是，行动者拥有许多弱连带关系则较为容易，弱连带关系不需要频繁互动来维持，因此人们往往通过弱连带关系进行新信息的扩散（Granovetter，1973）。Burt（1992）认为，如果连带关系是非冗余的或者是跨越结构洞的，就能为创业者提供新信息的摄取。Singh 等（1999）以及 Elfring 和 Hulsink（2003）也认为弱连带关系通过提供新信息方便机会识别。

Singh 等（1999）发现弱连带关系数量显著地同创业新想法和认知机会成正比。McEvily 和 Zaheer（1999）发现，处于结构洞位置和新信息获取正相关。Davidsson 和 Honig（2003）研究发现，基于弱连带关系的桥接型社会资本对快速而频繁的创业行为有很强的预测作用。

国内学者中，石秀印（1998）发现，私营企业家更为主动地靠近村干部、技术和经营人员；那些更积极地谋求与村干部、技术和经营人员建立和维持良好关系者，能成为更优秀的私营企业家。

（3）结构洞与机会识别。除了网络连带的强弱外，Burt（1992）指出网络结构的另一种主要特征，即结构洞，它被定义为行动者之间连带关系的空缺，处于结构洞上的联系人能更方便地使行动者获得非冗余信息。Burt（1992）特别指出，网络中和网络之间连带关系的位置是最为关键的因素。联系人能从中充当桥梁，在把本不相连的行动者联系起来的功能中获得更多收益。McEvily 和 Zaheer（1999）发现，处于结构洞位置和新信息获取正相关，新信息反过来使得创业者识别更多的机会（Singh et al.，1999）。Burt（1992）还发现，和多种不同类型的潜在当事人保持联系的社会网络拥有更加多样化和新奇的信息，以使得创业者在不连贯的网络中觉察和利用商机。Arenius 和 De Clercq（2005）研究结果显示，如果个人所属网络的内聚性（cohesiveness）越低，即网络以弱连带关系和结构洞为特征，那么识别的机会越多。

2.1.3 网络资源与机会识别

社会资源并非均匀分布于社会之中，而是根据人们社会地位的高低呈现金字塔状分布（Lin，2001）。处于社会顶端的少数人掌握了大部分资源，而处于金字塔低端的多数人只掌握了小部分资源。创业者所嵌入的网络社会资源的多少会影响信息的质量，在创业者个人网络中拥有较高社会地位的人越多，创业者越有可能获取高质量的信息（Lin，2001；Peng and Luo，2000）。企业高管和政府官员的关系能带来有价值的信息（Peng and Luo，2000）。张玉利等（2008）基于119位创业者的研究证明网络资源与机会创新性存在显著的正相关关系。

通过文献回顾可以发现，先前学者分别从网络规模、网络连带和网络资源研究了社会资本对机会识别的数量和机会识别的可能性的影响，但几乎无人研究创业者社会资本与机会识别类型的关系。什么是机会识别类型？Sarasvathy等（2003）认为，机会识别过程分为三种类型：机会认知、机会发现和机会创造，它们对应的机会创新性不断加强，而机会创新性是创业利润的根本来源。所以，本书将探究农村微型企业创业者的初始社会资本和机会识别类型的关系。如果存在某种关系，则可以通过对社会资本的主动调节来提高农村微型企业的创业利润。

此外，返乡农民工创业是我国农村近年来出现的一种常见现象，它无疑是农村微型企业创业的一个重要组成部分。返乡农民工创业首先面临的就是机会识别问题。农民外出打工前建立的本地弱连带关系可能由于其长期在外务工而失去联系而退化萎缩；农民外出务工后，又会结识一些新的熟人。因此返乡农民工决定创业时，其初始社会资本主要有两大来源：外地弱连带关系和本地强连带关系。两者究竟谁对返乡农民工的创业机会识别更具影响力？这也是本书要探究的问题。

2.2 社会资本动态发展[①]的文献综述

Granovetter（1985）假定，经济机构的行为嵌入在明确的、不断向前发展的社会关系系统之中，这些关系帮助或限制了机构的利润和租金追寻行为。Birley（1985）也提出，为了完整地理解创业，要充分地认识到，创业者是沉浸在网络之中的。所以，从社会资本的动态发展来透视创业过程规律是件非常有趣的工作。近几年社会资本动态发展的研究取得了丰硕的成果。其中，有两组国外学者在开展自身研究之前，都对社会资本动态发展的研究文献作出系统回顾。他们的回顾对本书的研究极具参考价值，但是，他们的评价又存在以偏概全之嫌。下面，将先指出其主要回顾内容及本书作出的评价，然后再根据本

① 农村微型企业非常微小，企业的社会资本基本上可以认为是农村微型企业创业者的社会资本，农村微型企业创业者的社会资本的动态发展基本上等同于农村微型企业社会资本的动态发展。所以，此处需要对个人或企业的社会资本的动态发展同时进行回顾。

书研究需要，进行有针对性的文献梳理。

2.2.1　先前学者关于社会资本动态发展的文献回顾

2.2.1.1　Siu 和 Bao（2008）的文献回顾

Siu 和 Bao（2008）认为，网络的核心特征是网络的动态发展，网络的动态发展是创业企业形成和成长过程中网络演化的研究主题，其总结了三种网络动态发展的模型：增长型、结构型和战略型，具体观点如下。

在增长模型中，网络的发展就是组织形成过程。在该过程中，社会、商业和战略的网络从一开始就被联系起来，并逐渐拓展至整个组织。Larson 和 Starr（1993）提供的模型属于增长型。Larson 和 Starr（1993）使用社会经济交换理论，提出组织形成的三阶段的网络模型。该模型描述了组织如何运用治理机制来管理交换关系的变化。当交换关系发生变化时，企业也从一个前组织演化到一个新的组织。在 Siu 和 Bao（2008）看来，该模型将交换关系的变化和组织的演化（即企业的创造）联系在一起，模型侧重展现组织的成长过程，而在解释网络结构中的网络的组成和变化方面，存在明显不足。

在结构模型中，总体上讲，网络从一个没有计划的网络发展为一个有计划的网络，最后成为一个结构化的网络。Hite 和 Hesterly（2001）的模型就属于结构型。在 Hite 和 Hesterly（2001）的模型中，改变的资源需求和接受挑战是驱动网络变化管理的主要动力。为了应对资源需要的变化和相关挑战，网络结构从企业诞生阶段的身份基础网络演化至早期成长阶段的算计性网络。身份基础网络是自我中心的网络，有着一个高的强连带比例。相反，算计性网络的特征是更大，有着更多分散的、有意识的、功能性的或者以工作为基础的连带关系，这些连带关系更类似市场的嵌入，而不是社会嵌入。结构模型意味着，一个企业成长的能力依赖于创业者如何积极主动地管理网络，而不是简单接受先前以身份为基础的网络连带造成的路径依赖的约束。也就是说，该模型一方面承认，创业者的行为受网络结构的约束，网络改变是路径依赖的，机会和先前历史扮演了一个关键角色，预先存在的网络系统创造了一个路径依赖的网络环境，它可以抵制有意识的理性的网络管理；同时，它也认为，创业者能够有意识地创造、改变和控制特殊的关系，以重塑网络结构，这体现为行动者的理性算计。Siu 和 Bao（2008）认为，结构模型整合了路径依赖和算计性网络战略，但是它仅仅关注网络结构，因此不可避免地在检验关系内容和协调治理方面遭遇失败。

在战略模型中，创业者网络从一开始的社会网络，发展到一个商业网络，并最终成为一个战略网络。战略模型关注创业者个人中心网络，并认为网络管理是一种创业者的增长战略。Lechner 和 Dowling（2003）的模型就属于战略模型。这是一个四阶段的战略模型，它反映了创业者主动管理网络结构并建立积极的关系以应对不同阶段的资源需求。该战略模型承认强连带关系和弱连带关系履行不同的功能，它们均对企业的成长非常重要。虽然该模型指出，对新创企业来说，企业的关系能力是形成竞争优势的专有能力，然而，并没有提供关系能力的细节。Siu 和 Bao（2008）这样评价 Lechner 和 Dowling（2003）的模型：它仅仅描绘了企业成长中网络过程的发展，但是，既没有弄清关系内容、关系治理和网络结构之间的牵制机制，也没有弄清管理和变革网络的过程中创业者的角色。

本书认为，Siu 和 Bao（2008）的回顾存在两个问题。第一，对六位学者研究的评价过于求全责备。事实上，很难找到一个模型能同时反映网络的关系内容、关系治理和网络结构本身的变化，更不要说还要反映出他们之间的牵制机制。第二，对结构型和战略型的划分并不能让人信服。Hite 和 Hesterly（2001）的模型中，网络结构从企业诞生阶段的身份基础网络演化至早期成长阶段的算计性网络。Hite 和 Hesterly（2001）同时又在文章中指出："我们关于企业阶段的主要观点是，每个阶段代表了更多的东西，而不仅仅是随时间的改变；它们在相当程度上充当着许多战略问题的代名词，如企业目标、资产状况、资源需求和资源获取挑战。"所以，Hite 和 Hesterly（2001）的模型也可以说是一种战略模型，即企业在诞生阶段和早期成长阶段有着迥异的战略需要，因此网络表现出适应不同战略需要的结构变化。Lechner 和 Dowling（2003）的四阶段模型的主要内容是：第一阶段是企业对社会网络的拓展性使用和声誉网络的建立；第二阶段是营销网络和合作网络的管理；第三阶段是合作网络和技术网络的管理；第四阶段是关系能力的突破。该模型表明网络管理是创业者实现增长的一种战略，同时也表明，不断变化的管理重心必然伴随着网络结构的变化。因此，Lechne 和 Dowling（2003）的模型也可以说是一种结构模型。由此看来，战略与结构的变化实在难以分开，而结构变化的根本原因还是战略发生了变化。Siu 和 Bao（2008）对结构型和战略型的划分难以让人信服。

2.2.1.2 Jack 等（2008）的文献回顾

Jack 等（2008）也对网络动态发展的文献进行了整理分类。而他们的工作建立在 Van de Ven 和 Poole（1995）的工作基础之上。

Van de Ven 和 Poole（1995）将关于企业变化过程的理论划分为四种理想

类型，包括基于生命周期的过程理论、基于目的的过程理论、基于演化的过程理论和基于辩证的过程理论。这四种类型划分的主要区别在于：第一，基于生命周期的过程理论与基于演化的过程理论都假设存在一种特定的变化驱动力，而对基于目的的过程理论与基于辩证的过程理论而言，变化驱动力是构建起来的；第二，基于生命周期的过程理论与基于目的的过程理论关注的是变化过程，该过程受某一特殊实体的驱动（如组织），而基于辩证的过程理论与基于演化的过程理论则认为，实体之间的交互作用才是变化的关键驱动力。每种过程理论类型都有完全不同的思维渊源。

以 Van de Ven 和 Poole 的过程理论分类作为概念框架，Jack 等（2008）将网络动态发展文献进行了整理，分为四种类型。第一种是基于生命周期的网络动态发展理论模型。生命周期方法把个体组织模型化为出生、成长成熟、衰退和死亡，其组织发展轨迹是固定的和有顺序的。他们把 Larson（1992）、Lechner 和 Dowling（2003）、Greve 和 Salaff（2003）以及 Hite 和 Hesterly（2001）的研究归为这一类型。第二种是基于目的的网络动态发展理论模型。目的论认为，实体是适应性的，有目的的，并且发展路径是可以选择的，而不是在生命周期模型中所规定的。Uzzi（1996，1997）、De Propis（2000）以及 Pages 和 Garmise（2003）的研究属于此类。第三种是基于演化的网络动态发展理论模型。就演化方法来看，创业企业网络的变化、选择和保留过程都是响应宏观环境的压力的表现。在资源稀缺和一系列的隐蔽的变化下，组织必须持续地为生存竞争，从而导致了社会资本的动态发展。Pfeffer 和 Salancik（1978）、Koka 等（2006）以及 Kim 和 Aldrich（2005）的研究被归为此类。第四种是基于辩证的网络动态发展理论模型。该类理论模型假设冲突的利益推动网络的动态发展，如 Anderson 和 Miller（2003）的研究。

可以看出，Van de Ven 和 Poole 的过程理论分类是个非常庞大的概念框架。Jack 等在这一框架下进行网络动态发展的文献梳理，虽然能将诸多文献堆砌其中，但是至少存在两个缺陷，一是对一些重要文献的内容反映不足；二是缺乏研究问题的针对性。实际上，Jack 等也只对第一类模型作出比较全面的展现，而其他几类都含糊其辞、点到为止。

2.2.2 基于企业生命周期的文献回顾

通过对 Siu 和 Bao、Jack 等文献回顾的审视，可以发现，既往学者用生命周期法开展的研究最多，因此基于生命周期法进行文献梳理最为可行。但是，这种梳理方法也存在一个问题，那就是不同学者对生命周期的划分并不相同，他们重点关注的阶段也不相同。

例如，Holt（1992）从企业生命周期出发，将创业过程划分为四个阶段，即创业前阶段（pre start-up stage）、创业阶段（start-up stage）、早期成长阶段（early growth stage）和晚期成长阶段（later growth stage）。Larson 和 Starr（1993）的组织形成阶段网络模型细分了创业者网络活动的三个阶段：第一阶段，关注主要的二价连带；第二阶段，把二价连带转变为社会经济交换；第三阶段，在众多的交换过程中重复交换。Hite 和 Hesterly（2001）重点关注创业企业的诞生阶段和早期成长阶段。而 Hite（2005）的模型中，关系嵌入的演化被分为三个阶段，即网络进入、社会利用和信任培育。Lechner 和 Dowling（2003）的注意力放在企业创建后的成长过程，他们将创建后企业的成长分为 5 个阶段，分别是高成长的创业阶段、准备首次公开募股（IPO）阶段、IPO 的严格评估阶段、IPO 后阶段（IPO 后三年）以及上市达三年以上阶段。Smith 和 Lohrke（2008）的模型则追随 Larson 和 Starr（1993）的阶段划分方法，以讨论信任的动态发展。Möller 和 Rajala（2007）认为对不同类型的商业网络的有效管理有赖于它们的内在价值创造逻辑，根据企业不同阶段内在价值创造逻辑的不同，其商业网络沿着"目前的商业网络""商业更新网络"和"新兴的商业网络"的顺序发展。Maurer 和 Ebers（2006）识别出两个不同的企业发展阶段，一个是早期的创业阶段，另一个是后来的商业发展阶段。早期创业阶段始于一份创业计划书的构想，即合法地成立一个新企业，结束于初始融资的接近耗竭。后来的商业发展阶段始于通过二次融资旨在获得进一步融资的行为，结束于他们研究阶段的后期。

本书以 Holt（1992）的企业生命周期划分法为基础，把企业的生命周期粗略地分为三个阶段，并按照这三个阶段进行文献梳理。诞生阶段，指从准备创业到企业诞生这段时期；早期成长阶段，指从企业诞生到企业能够基本处理好市场、资金与资源使用方面的关系这段时期；最后是晚期成长阶段，指企业保持稳定的经营状态和管理模式的这段时期。

2.2.2.1 第一阶段——诞生阶段

在创业前阶段，创业者能通过紧密社会连带，同时也会以工具主义作为出发点来培育新的连带，以摄取所需资源（Larson and Starr，1993）。Larson（1992）认为，建立在个人和企业声誉以及先前的关系历史基础上的双方的连带，减少了不确定性，创造了共同期望和相互责任，并加强了早期的合作。在企业诞生阶段，Hite 和 Hesterly（2001）主张，绝大多数以身份为基础的两两连带来自先前关系，这种先前关系有着社会、家庭和历史的渊源，它们在很大程度上由具有封闭性和内聚性的网络中的一些紧密的、嵌入连带组成。刚诞生的企业经常会有新进入缺陷和小规模缺陷，经常缺乏关键的内部资源和确保企业成功生存的能力。在远距离连带不情愿给予企业所需帮助的情况下，以身份为基础的连带更有可能提供所需资源。Lechner 和 Dowling（2003）也发现，年轻的企业面临着新进入缺陷，对创立者的社会网络的拓展性使用和声誉网络的建立是最为重要的。这些网络创造了未来的选择机会并建立了早期的关系平台。Greve 和 Salaff（2003）则发现，在创业的早期阶段，创业者大多使用现有的连带关系并投入较多时间进行网络维护。Smith 和 Lohrke（2008）在 Larson 和 Starr（1993）的三阶段模型基础上指出，在创业者的创业网络尚处于个人的、基本的、交流的形成阶段时，或者说在企业诞生阶段，创业者的信任将更多地依赖于情感而不是认知（或理性）；创业者决定谁将获得相对的信任。如此一来，创业者的网络主要由创业者能够信任的强连带关系组成。也就是说，多数学者认为，在企业诞生阶段，强连带关系起着重要作用。

然而，也有学者不看好企业诞生阶段的强连带关系，认为它们会不利于企业长期的发展。虽然早期的来自家庭和朋友圈子的社会连带关系对启动事业非常重要，但是它们可能会因为缺乏多样性而阻碍企业未来的发展（Pages and Garmise 2003）。Maurer 和 Ebers（2006）通过案例研究发现，新创建的生物技术企业的网络联系人集合非常有限，绝大多数联系人处于科学社区中，企业诞生阶段的社会资本构型以建立在互惠规范和共同认知框架基础之上的内聚和封闭为特征，而这种社会资本构型可能造成企业的关系锁定和认知锁定，以至于形成一种社会资本惯性，损害企业未来的绩效。

2.2.2.2 第二阶段——早期成长阶段

Larson 和 Starr（1993）认为，在早期成长阶段，企业的关系变得多元化，先前的工具主义连带关系得以丰富，高质量的信息交换成为主要的网络功能，而这反过来导致了双方互动的规则和程序、清晰的期望以及信任和互惠。Johannisson（1996）超过 6 年的研究也证实，在这个阶段，关系朝向商业连带的多元化发展；随时间变化，商业连带关系（也就是保持距离的连带关系）变成社会连带关系（也就是嵌入或强连带关系）。但是，如果企业认为所有的网络连带关系需要完全的关系嵌入，那么它就会在连带关系的发展上配置过多的资源，对行为造成大量的限制，使得企业不能得到成功的早期成长（Uzzi，1996）。Hite 和 Hesterly（2001）指出，身份基础网络不可能拥有足够的资源宽度，以满足企业在早期发展阶段不断增加的资源需求特征。在企业早期发展阶段，企业更倾向于建立算计性网络。较之于身份基础网络，算计性网络的特征是，有着更多的弱连带关系，这些弱连带关系更像市场关系，而非社会嵌入，更有可能是非冗余的，更为分散的，更能在结构洞之间架起桥梁。算计性网络能更好地满足企业不断增长的资源需求数量和质量。Lechner 和 Dowling（2003）通过举例说明，在企业建立之后，创业者试图通过发展市场网络来实质性地提高销售额，同时通过“竞合”网络来共享技术基础。Greve 和 Salaff（2003）也发现，为了满足实际需要，企业将许多时间花费在新的连带关系的形成上，而只投入较少的时间在网络维护上。Maurer 和 Ebers（2006）的研究显示，科学社区中强烈的内聚连带关系对一个生物技术企业的创立来说是重要的，但是不能提供企业进一步发展所需的信息和资源；那些在企业早期成长阶段既保留了与科学社区的联系，又同时与能为企业提供不断更新的信息和资源需要的其他圈子建立了联系的企业，表现得更为成功。Smith 和 Lohrke（2008）指出，创业者的创业网络在双方社会经济交换阶段，将显示出对认知信任和情感信任的同等依赖，在这一阶段，网络结构将朝着包括不断增加的弱连带关系方向演化，较之于社会嵌入连带关系，它们是倾向于保持距离的或者类似市场关系的连带关系。

2.2.2.3　第三阶段——晚期成长阶段

Larson 和 Starr（1993）认为，企业晚期成长阶段的连带关系变得更深入、更复杂，更多地作为一种组织间的联系，而不仅仅是社会连带关系。在 Larson（1992）提出的网络动态发展的三阶段模型中，本书认为第三阶段属于成熟阶段或者说晚期成长阶段。在这一阶段，个人及其企业对两两连带关系进行经营的和战略的整合，并受制于社会控制，最终产生了由两两连带关系铰接成的网络。有趣的是，为了方便企业的进一步成长，该阶段并不是仅仅依赖弱连带关系，而是把弱连带关系转化为嵌入连带关系，以最大化关系的整体收益。Lechner 和 Dowling（2003）提出，在该阶段，一些网络拓展至的技术合作对象，以促使企业的快速成长，这个过程将一直持续，直到达到关系限制，此时，就需要进行网络重组。Greve 和 Salaff（2003）则发现，在这个阶段，现存的连带关系仍然被利用，但是企业减少了对新连带关系搜寻的需求。Smith 和 Lohrke（2008）指出，在组织交换阶段，创业者同主要企业连带关系的集合是基于组织之间形成的寻找经济利益的重复的机构水平交换圈；创业者的新创企业网络在组织交换阶段将更加依赖于基于认知的信任，而不是情感信任。

本书基于生命周期的三个阶段对先前研究成果进行重新组合，这种做法虽然便于提炼出不同阶段的研究共识并显示其研究差异，但是不利于读者把握单个研究的全貌，因此有必要对该领域的主要既往研究作出简单介绍。表 2-1 在

Jack 等（2008）的工作基础上，增加了 Maurer 和 Ebers（2006）、Möller 和 Rajala（2007）、Jack 等（2008）、Smith 和 Lohrke（2008）等的新近研究成果。

表 2-1　社会资本动态发展研究的主要成果

作者	观点	主要发现和结论	对特定过程的关注	方法
Larson（1992）	探究网络组织形式中的社会控制	交易的社会维度是解释对交换结构进行控制和协调的中心。网络形成的过程模型强调了声誉、信任、互惠和相互依赖的重要性。对于高成长的创业企业而言，网络形式提供了垂直整合的替代物	需要理解过程。高度合作的企业间联盟在过程中得以建立和维护。对发展过程展开调查，发展过程揭示了联盟中的共同演化模式	探索性的人类学研究
Larson 和 Starr（1993）	提出组织形成的网络模型。该模型建立在社会和社会经济交换理论基础之上	为了保证获得启动事业所需要的关键经济和非经济的资源，创业网络活动分为三个阶段：关注主要的二价连带；将二价连带转化为社会-经济交换；在众多的交换过程中重复交换。重复的过程涉及探索、筛选和对二价连带的选择性使用，以和诞生中企业的商业内容保持一致。要承认经济关系的社会嵌入和商业关系的多种性质和内容	创业行为描述体现了三种网络—社会的、商业的和战略的网络。这三种网络从一开始就被连在一起，并贯穿于组织形成过程的始终	为未来的进一步研究提供网络模型
Hansen（1995）	考虑企业成立前的社会结构和过程对随后的新组织在第一年的成长率发挥的作用	把企业成立前的三种创业行为变量，即规模、程度和频率与随后的新组织成长联系在一起。社会资源是创业网络发展过程中的积极成分。创业者应该关注资源获取过程。明确社会资源并管理社会行动，是一个新组织成立的关键前奏	创业行为集合的结构和过程显著影响了新组织的初始绩效	先导的函询调查，紧跟着结构化访谈
Johannisson（1998）	网络中的个人和企业通常对高技术和专业知识的商业化过程进行组织	较之于传统企业，在以知识为基础的企业中，创业者在发展网络上投入更多时间，并建立了更为集中的网络。较之于传统的行业分区中的创业者而言，在科技园中的经典意义上的创业者建立了密度较低的当地网络。同时，以知识为基础的创业者和传统的创业者一样，建立了同样稳定（或不稳定）的个人网络	过了一段时间之后，在以知识为基础的创业者和传统的创业者之间的网络发展差异在下降。个人网络的变化很慢，其作用好像一个蓄水池，既包括社会连带关系，又包括商业连带关系，随着创业过程的需要，而被激活	邮件调查

续表

作者	观点	主要发现和结论	对特定过程的关注	方法
Hill 等(1999)	创业者的营销网络仍然建立在强连带关系基础之上	社会契约的作用并没有随时间的流逝而降低，它们继续贡献于企业的成长。新的连带关系——包括专业连带关系和供应商连带关系被加入网络中	从一个网络视角，对小企业的营销实务以及营销实务如何影响过程加以关注	深度访谈
Minguzzi 和 Passaro (2000)	小企业的文化演化过程强烈地受小企业和经济环境所建立的关系的影响	学习型创业者在服务于最终客户的行业里创业，而封闭型创业者则专门生产用于出口的商品	创业文化和学习过程之间的相互依赖形成彼此间的强化，从而让企业获得认知和竞争潜力	访谈和邮件
Hite 和 Hester (2001)	创业企业的诞生和早期成长阶段，网络从基于身份的连带关系向算计性连带关系转变	较之于诞生期时的网络，成长期网络将有着更少的嵌入连带关系，更少的内聚性，更多的结构洞和更多的对于网络演化的主动管理	理解诞生期和早期成长期企业网络的演化对理解网络过程重要性	提出待检验的假设
Schutjens 和 Stam (2003)	研究新创企业前3年的网络演化，并指出网络性质的解释，涉及时空的变化。通过类型、数量、来源和地点将关系具体化	在主要的商业关系中，销售关系成为逐渐增加的社会的、持续的地理集中战略，区域内部的而不是区域外部的关系变得更加重要。一个新创企业的网络应该被视为具有一定的时空背景	企业是和所处环境中的它物有着交互作用的开放的系统。网络中企业协同演化的路径和更为宽广的环境非常重要。这种环境创造并回应了企业诞生和成长时的需求	调查问卷；纵向研究
Greve 和 Salaff (2003)	创业者接近网络中的人，以讨论如何建立和经营一个企业	创业者所建立的网络在不同的创业阶段有着不同的系统。过程中的每个阶段，创业者都使用社会资本去接近资源。这些阶段包括动机、计划、成立等，都强调网络发展	在企业建立过程中对社会关系的使用	横截面调查
Lechner 和 Dowling (2003)	考虑了高成长创业企业的自我中心网络，并探讨这些企业如何通过外部关系的使用而成长	企业出于各种各样的目的而使用关系；每个企业都有着各自的关系组合，随着企业的发展，组合发生着变化。对企业成长而言，强连带关系和弱连带关系都重要，有着不同的功能。成长取决于路径依赖的关系能力。但是，当达到关系的极限之后，就会发生稳定网络的重构。企业成长依赖于自我中心网络的建立和发展以及群体中心网络的发展	研究了不同发展水平的企业，并通过企业间网络分析创业企业的成长过程	案例研究

续表

作者	观点	主要发现和结论	对特定过程的关注	方法
Hite (2005)	关系嵌入连带关系影响了诞生中企业的经济决策以及随时间而发生的演化	明确了三种演化过程（网络进入、社会杠杆和信任培育）和四种演化路径。进入网络的连带关系通过个人关系会朝着完全嵌入加速演化	创业者如果意识到演化所涉及的过程，就会对演化过程进行更好的管理。连带关系通过不同的演化过程会从一种关系类型演化为另一种关系类型。就过程而言，关系嵌入的社会成分有利于演化	案例研究
Dodd 等 (2006)	网络化的创业者是更大商业环境改变的催化剂	通过制定规范和习惯性做法，创业者们协同创造了他们自己企业和其他企业的变化和成长，地区和行业协同创造出来的环境使之成型，并体现为企业的发展阶段。现有的实务集合有着互动，并生成社会资本和合法性，而似乎来自信任的社会资本和合法性又发展出新的惯例，将网络重塑得像市场一样，使得潜在的内容对其他人而言变得明晰	学习是个社会过程，研究空白在于，把网络当做社会背景，同创业者学习过程联系起来	定量调查、纵向的质性案例研究
Maurer 和 Ebers (2006)	当企业成员能够不断调整社会资本的结构以适应变化的资源需要时，企业就能取得良好的收益，而惯性则把企业的社会资本变成一种责任	明确并理论化了企业内部组织对外部伙伴的管理和交际，通过水平和垂直差异化和整合，影响了企业社会资本的动态发展、适应能力和绩效	从产生惯性的条件和过程出发，从而让企业主动克服惯性，并为了组织利益而培育社会资本	案例研究
Jack 等 (2008)	网络发展实际上创造了环境，因为它为创业者所理解和操纵，最终网络过程是环境的制定过程	强连带关系是基于身份基础的发展；在网络中协同创造、开阔视野和具体创新；不愿意斩断连带关系。算计性和身份基础连带关系的发展、维护和调用不是相互冲突的或按次序的、相互替代的力量。相反，它们是彼此缠绕，相互依赖的过程，大部分时候都是同时发生的。应将创业网络动态发展理论进行很好的理论综合，而不是让不同的流派彼此对抗，他们已经提出综合理论的框架	正是网络发展过程允许创业者觉察到环境，并引领环境变化、制定环境内容，甚至于协同创造环境	案例研究

续表

作者	观点	主要发现和结论	对特定过程的关注	方法
Kristian 和 Arto (2007)	对不同类型的商业网络的有效管理有赖于它们的内在价值创造逻辑	“目前的商业网络”、“商业更新网络”和“新兴的新商业网络”三种网络类型组成了一个价值创造框架。价值系统连续体提供了一个抽象但有力的、以权变观点为基础的网络分类，并影响不同类型的网络的管理	价值系统的关键特征是系统的确定性水平，该水平和知识的编码水平有关。确定性水平既影响了学习机制又影响了管理者能力	
Smith 和 Lohrke (2008)	创业者对基于情感信任和基于认知信任的交换关系依赖程度，将随着创业者的网络发展过程而改变	创业者最初依赖较高的对交换伙伴的情感信任水平，然而，随着时间的发展，他们的创业网络最后达到一个点后，组织交换将成为特征，此时应该较少依赖植根于情感信任的关系并更多地依赖基于认知信任的关系	创业者的网络结构从简单的二价连带关系向复杂的经济交换转变时，情感信任和认知信任也在改变，行动者在形成信任时采取积极行动	案例研究

Hoang 和 Antoncic（2003）就指出，创业网络结构比发展过程得到了更多关注，除了 Larson 和 Starr（1993）的研究外，未来这方面研究可以依靠的基础非常有限。Maurer 和 Ebers（2006）也认为：“我们对组织的社会资本如何随时间而发展知之甚少，对推动和约束这一发展过程的影响因素和措施知之甚少。”Parkhe 等（2006）则明确指出，跨越时间的社会资本发展过程是一个有待进一步研究的领域。从文献回顾来看，这方面的研究成果也比较丰富。但是，先前研究存在一个共同缺陷，研究多放在一般企业或高科技企业背景下，几乎没有学者在微型企业背景下展开研究。

本书的研究对象是我国农村微型企业，农村微型企业有着自身的特点。受先天制约，多数农村微型企业“长不大”，生存将是它们的长期追求。那么，在“不求发展，但求存活”的农村微型企业的生存阶段，创业者社会资本的动态发展规律是什么，还没有学者做过相关的专门研究。

2.3 社会资本对创业绩效影响的文献综述

社会资本被定义为关系网络或这些网络中的资产（Bourdieu，1985，Burt，1997，Coleman，1988，Nahapiet and Ghoshal，1998）。过去有众多学者的研究发现，社会资本有助于提高企业绩效（Brüderl and Preisendörfer，1998；Batjargal，2000；Davidsson and Honig，2002；Florin et al.，2003；Bosma et al., 2004)。

Brüderl 和 Preisendörfer（1998）总结出社会资本提高企业绩效的三种机制：第一，社会关系或社会联系是获得信息的重要渠道。相比从正式渠道获得的信息而言，从网络连带关系中获得的信息经常被假设为更有用、可信、排他和非冗余，这些信息提高了企业成功的可能性。第二，通过网络联系可以接近消费者和供应商。网络中的朋友和熟人很可能成为首批消费者，他们可能会经由他们的个人网络传播关于新企业的信息，使得消费者的数量滚雪球似的增长。第三，网络联系人经常为拓宽新企业的融资渠道打开机会之门。从亲戚和熟人那得到的非正式信用对创业阶段的企业特别有帮助。此外，承载着丰富信息的外部网络也会增强企业抵御随机发生的环境震荡的能力。Johannisson（1990）也指出："部分（社会）资源可以直接提供解决经营问题的办法，而其他则能够增强企业的市场合法性并间接为其达到经济目的提供资源摄取。" Florin 等（2003）认为社会资本可以直接提高新创企业绩效，这是因为，社会资本是企业对社会关于企业社会联系情况的信任状，企业形成和高地位的外部伙伴（可信任的和有能力的）的联系能够让利益相关者知道，新创业企业的商业概念是合法的，并且社会资源减少了收集信息所需的时间和投资。综合 Brüderl 等（1992）、Johannisson（1990）和 Florin 等（2003）的分析，社会资本提高企业绩效主要通过两个途径：一是社会资本为提高企业绩效提供了信息；二是社会资本有利于企业的资源摄取。下面将从社会资本的网络结构、网络连带关系、关系信任和网络资源几个方面来回顾社会资本对企业创业绩效的作用。

2.3.1 网络结构与创业绩效

2.3.1.1 网络规模与创业绩效

Cromie 等（1992）提到"如果创业者能够拓展他或她的社会网络或者在网络中得到一个更加中心的位置，额外的资源和机会可能会出现，这将有助于商业扩张"，并且"一个狭窄的联系基础可能限制创业者寻找新的市场机会的能力"。Batjargal（2000）认为，就网络规模而言，创业者的个人社会网络越广泛，那么将提高绑定当地顾客和供应商的可能性，这将有助于销售稳定而均匀地增长。因为，嵌入将提供谈判的弹性空间，那会让创业者把社会连接转化为收入增长和其他可以触摸的收益；创业者和供应商之间的私人关系可能使得创业者以更低的价格购买原材料和其他生产投入，进而会影响到利润空间的大小。

Van de Ven 等（1984）发现在计划和发展市场位置和具体产品时，如果创业者拥有一个更为广泛的潜在客户和专业咨询者网络，那么创业者的企业表现将会很好，因此，企业需要维护“一个更为丰富的、宽泛的和更加复杂的网络，该网络同企业内部和外部的人员有着不断发展的关系”。Aldrich 等（1987）的研究表明，网络规模是唯一的显示出与企业绩效显著相关的变量。Hansen（1995）的研究显示，预组织成员的网络规模和新企业绩效正相关。Hansen 和 Witkowski（1995）则发现，如果创业者在创业阶段有美国范围之外的社会网络连带关系，将更可能开拓海外市场。Ostgaard 和 Birley（1996）的研究证明，当创业者拥有更大的社会网络和更大的专业网络时，新企业的成长将更为顺利。Brüderl 和 Preisendörfer（1998）提出并证明了网络成功假说。该假说的主要内容是，有广泛社会网络和从网络中获得更多支持的创业者会更加成功。Galunic 和 Moran（1999）发现网络规模和销售额正相关。有经验证据表明，当创业者和银行的私人关系（Uzzi，1999）以及和母企业的关系（Webster and Charap，1993）较好时，将会降低经营成本。但是，Reese 和 Aldrich（1995）也发现，没有证据表明创业者个人网络的规模影响到企业的生存。国内学者张青和曹尉（2010）发现，社会网络规模保证了个人电子商务资料来源渠道的多样性，增大了个人网络创业资源的可获得性，有助于提高创业绩效。

2.3.1.2 网络密度与创业绩效

Coleman（1988）主张，稠密网络提供两个好处：第一，稠密性会影响信息摄取质量。当信息在中介人构成的链条上从一个人流动到另一个人时，信息的质量在衰减，而在有着更多直接联系的网络中则提高了沟通质量，不会出现迅速衰减。第二，稠密网络使得网络中一个人对另一个人的信任不那么具有风险性。

Aldrich 等（1987）证明，网络密度和新企业的利润有关，而网络可及性与企业成立正相关。Larson（1990）的研究揭示了处于高速增长期的创业组织如何保持稠密的组织间的网络联系（主要是和客户和供应商）。Galunic 和 Moran（1999）发现网络密度与业绩负相关，但这种关系在统计上不显著。Brüderl 和 Preisendörfer（1998）提出并证明了网络成功假说，即有广泛而稠密的社会网络和从网络中获得更多支持的创业者会更加成功。McEvily 和 Zaheer（1999）发现低密度的网络能带来更好的能力掌握和发展，而这种能力对汽车行业的金属加工部分来说非常重要。

2.3.1.3 网络连带关系与创业绩效

(1) 强连带关系与创业绩效。强连带关系有助于形成信任和互惠(Krackhardt, 1992),能传递不能为弱连带关系所传递的复杂信息(Hansen, 1999),有助于共同解决问题(Dubini and Aldrich, 1991; Uzzi, 1997),所以被认为能直接提高企业绩效。Brüderl 和 Preisendörfer(1998)大规模的调查发现,强连带关系比弱连带关系在解释企业成功(以企业存活与否来度量)方面更为重要。Ostgaard 和 Birley(1996)发现,当创业者网络包含许多强连带关系,新企业增长的可能性更大。Hansen(1995)发现人们彼此了解的程度和新企业的绩效正相关。家庭连带关系能提高成功的可能性,因为家庭连带关系可以提供的免费的家庭工作、雇员对企业的忠实和情感支持(Sanders and Nee, 1996)。国内学者秦令华等(2010)则发现,情感网络的个体中心度对个体绩效的作用不显著,在他们的研究中,个体绩效主要指产出质量、工作效率、创新性、与其他同事的共处、完成任务的时间等方面。

(2) 弱连带关系与创业绩效。弱连带关系是浅层次的或偶然的,人们对它们一般没有情感投资(Dubini and Aldrich, 1991),尽管如此,弱连带关系也被认为是绩效"促进器"。首先,弱连带关系能提供异质的、有价值的信息(Granovetter, 1973 ; Coleman, 1988; Burt, 1992),信息使创业者可能捕捉到稍纵即逝的机会从而提高创业绩效。其次,弱连带关系所包含的模糊关系给创业者提供了是否对机会采取行动的自由(Batjargal, 2000),使得创业者免于受到强连带关系下深重期望和责任的束缚,对机会进行适当取舍和对资源进行最佳组合。最后,假设机会来自多样的、非冗余的联系人,弱连带关系或者占据结构洞也能提高核心行动者对新信息接触的机会,这反过来会刺激学习和内部能力的发展,最终提高企业绩效(McEvily and Zaheer, 1999; Baum et al., 2000)。Hite 和 Hesterly(2001)认为相比内聚性强的网络,充满结构洞的发散网络更会导致新企业的成功。Uzzi(1996)研究了服装制造企业的网络,发现企业嵌入一个更为广泛的网络连带关系的程度和企业的生存之间存在一种曲线关系:非常弱或者非常强的拓展网络对企业的生存率有负面影响。因此,Uzzi(1996)认为一个平衡的网络,既有弱连带关系又有强连带关系,可能会更有价值。国内有学者认为网络结构的本身会为企业的知识创造过程提供各种结构上的便利性(周小虎和陈传明,2004)。而秦令华等(2010)则发现,咨询网络的个体中心度与绩效正相关,该作用依赖于个体吸收能力。

2.3.2 关系信任与创业绩效

Granovetter（1985）在其嵌入理论中指出，信任是网络连带关系与经济行动的中介变量。Dubini 和 Aldrich（1991）认为，虽然一般的商业行为作为程序化交易是一种有效的做事方式，但它也有其突出的问题，如机会主义、不确定性和简单退出。网络活动则相反，由于存在许多次交易的预期，双方都会对关系做长期投资，这样做带来三个好处：信任、可预测性和共同解决问题。而可预测性和共同解决问题显然建立在信任基础之上。信任增强了资源川流的质量（Larson，1992；Lorenzoni and Lipparini，1999）；基于信任的交易可预测性和共同解决问题降低了交易成本（Hoang and Antoncic，2003）；信任还提高了信息交换的深度和丰富性（Saxenian，1991；Lorenzoni and Lipparini，1999；Hite，2000）。因此，信任能够有效提高企业绩效。关系信任作为关系质量的显示器，与经理人的销售额和创新表现显著相关（Galunic and Moran，1999）。国内学者周小虎和陈传明（2004）也认为，企业社会资本通过信任、规范、义务等关系性嵌入影响着企业的知识创造过程。

2.3.3 网络资源与创业绩效

Burt（1992）提出，在一个人所拥有的网络结构非常单一的情形下，他仍然能够通过联系人较高的社会地位把企业做得很好，而不管他的网络从总体上构造得如何。Lin（1999）的社会资源理论更明确地传递了这种观点。企业优势取决于嵌入网络中的资源的性质。网络资源的指创业者的关系人和联系人所掌握的资源（Lai et al.，1998），是“连带关系的物质质量”（Uzzi，1996）。网络通过允许其成员得到嵌入在社会网络之中的社会资源而为它的成员提供价值（Bourdieu，1985；Seibert et al.，2001）。信息或资源在不同社会等级和群体的分布不是均匀的（Anheier et al.，1995），个人网络中成员所拥有的资源和资本数量取决于成员在社会中的地位。信息或资源在社会经济系统中呈“金字塔”状分布（Lin，2001），有着较高社会地位的少数人掌握着重要信息和较多资源，取得和高地位的网络成员的联系极具优势，嵌入在这样网络中的社会资源能够让创业者获得更为有价值的信息（Helena et al.，2001；Lin，2001）和资源（Batjargal，2000），同时能很好地证明新创业企业的商业概念的合法性（Stuart et al.，1999；Florin et al.，2003），因此可以提高企业绩效。

Batjargal（2000）提到，在俄罗斯，和管理大企业的执行官以及银行保持联系将会带来大量的物质资源，俄罗斯的企业是否动用来自网络的财务资源对销售增长有非常显著的影响。Stuart 等（1999）发现，私人生物技术企业如果有着杰出战略同盟伙伴或者有实业投资者投资其中，那么，它们较之于缺乏这种联系的企业，能更快取得 IPO 资格并能在 IPO 中赚取更多财富。Florin 等（2003）使用 275 个上市的新创企业数据，证明新创企业社会资源与企业 IPO 前增长阶段积累财务资源的能力以及 IPO 后的绩效都呈现正相关关系。

至此，本书针对社会资本的网络结构、网络连带、关系信任和网络资源几个方面对创业绩效的作用进行了梳理。文献回顾表明，先前学者对个人或企业社会资本与企业绩效的关系进行过大量研究。这些研究的开展主要围绕社会资本的两个维度进行，即结构嵌入和关系嵌入（Nahapiet and Ghoshal，1998；Granovetter，1992）。

大部分学者研究创业者社会资本结构嵌入，包括网络密度（Peng，2004）、网络规模（Singh et al.，2003）、网络中心性（Stam and Elfring，2008）、网络非冗余性（Burt，1992）、网络连带（Batjargal，2007；Bosma et al.，2004；Brüderl and Preisendörfer，1998）等对创业绩效的影响。但 Granovetter（1992）指出，相对结构嵌入，关系嵌入对个人经济行为具有更直接的作用。虽然也有学者对关系嵌入做过相关研究，但这方面的研究还是存在不少缺陷的。例如，Cooke（2007）发现创业者关系嵌入是中小企业的绩效的重要显示器，但他并没有提出严格的实证检验。Moran（2005）做过结构嵌入和关系嵌入对个人工作绩效影响的研究，但他并没有揭示前两者与企业绩效的关系。Wu 和 Leung（2005）研究调查了中国农村中小企业经理人的互惠价值对社会资本和公司绩效的作用，但在他的研究中，关系嵌入仅仅作为从社会资本到企业绩效的中介变量出现。Batjargal（2000）研究了个人社会资本关系嵌入对初创企业绩效的影响，但他关注的是连带关系的强度，而忽略了关系嵌入的最主要特征——关系信任（Nahapiet and Ghoshal，1998；Fukuyama，1995；Putnam，1993）。

此外，在研究社会资本与企业绩效关系时，有学者提到要关注社会资本的动态发展性（Adler and Kwon，2002）。如果不对社会资本进行动态发展，将会抑制企业绩效增长（Maurer and Ebers，2006）。Batjargal（2000）研究了个人初始社会资本的结构嵌入、关系嵌入和资源嵌入对创业绩效的影响，但他没有关注企业创建后创业者对社会资本的动态发展以及发展结果对创业绩效的影响。Reed 等（2009）研究了企业层面社会资本的改变对工作绩效改变的影响。Maurer 和 Ebers（2006）通过案例研究揭示了创业公司的社会资本的演化如何影响企业绩效。但目前仍然缺乏个人社会资本的动态发展结果对初创企业绩效影响的经验研究。

社会资本具有权变价值（Adler and Kwon，2002；Ahuja，2000）。已有研究涉及社会资本对工作特性（Moran，2005）、行业特性（Rowley et al.，2000）、市场不确定性（Gulati and Higgins，2003）的权变价值。但目前没有研究涉及社会资本对机会创新性（Eckhardt and Shane，2003）的权变价值。工作特性与创业机会开发路径紧密相连，不同的创业机会开发路径显示不同的工作特性；而机会开发路径的关键影响因素是机会创新性（杨俊和张玉利，2008；Carney，2005），因此可以合理推测，机会创新性对个人社会资本和创业绩效的关系具有某种调节作用。

经文献梳理，可以发现以往的研究存在一些不足之处。第一，针对个人社会资本结构嵌入的经验证明较多，而针对关系嵌入的经验证明较少。第二，缺乏对企业创建之后经创业者动态发展的社会资本的关注。第三，目前还没有研究涉及社会资本对机会创新性的权变价值。因此，在本书的研究中，将考虑农村微型企业创业者社会资本的动态发展结果。我们认为经农村微型企业创业者动态发展的社会资本主要表现为商业网络嵌入，并从商业网络的结构嵌入和关系嵌入两个方面，揭示农村微型企业创业者的社会资本与创业绩效的关系，同时考虑机会创新性对两者关系的调节作用。围绕“社会资本对创业绩效的影响”这一回顾主题，表 2-2 列出国内外相关研究人员及其研究的主要成果。

表 2-2　社会资本对创业绩效影响研究的主要成果

作者	社会资本	创业绩效	影响方向
Birley (1985)	正式网络和非正式网络	销量	使用得最多的帮助来源是非正式来源中的商业联系人，接着是家庭和朋友，最后才是正式来源
Carsrud 等 (1987)	与有经验的人的联系、商业联系	雇员的毛收入超过中间水平	与有经验的人的联系负向影响了绩效；商业联系和企业绩效之间不存在显著的正向关系
Zimmer 等 (1987)	和家庭、朋友、客户、供应商、雇员和借款人的连带关系	企业生存时间和提供的就业岗位	正向
Aldrich 等 (1987)	网络规模、网络内容、网络建立和维系、网络中的代表性、个人联系网络的多样性和个人联系网络的关系密度	销售额增长、雇员人数增长和利润增长率	没有发现 6 个网络指标对企业利润的令人信服的作用。网络规模是唯一的显示出与企业绩效显著相关的变量

续表

作者	社会资本	创业绩效	影响方向
Bates (1994)	从家庭获得劳动力、公司顾客的少数民族比例、公司雇员的少数民族比例	生存与否、税前利润的常用对数	从家庭获得劳动力和公司顾客的少数民族比例较高会负面影响企业的生存和利润
Donckeis 等 (1995)	创业行为集合变量：规模(创业者提名的人数)、程度(对创业行为集合内部联系程度的衡量：成员连带关系的总数除以成员数，成员数中不包括创业者)、频率	第一年新组织规模增长：新组织平均每月支付的工资	正向
Hansen (1995)	预组织成员规模、成员之间的互动频率和互动程度	一年后新企业绩效，以一年后的月平均工资支出来衡量	预组织成员之间的互动频率与一年后新企业绩效负相关，但网络规模与互动程度和新企业绩效正相关
Donckeis 和 Lambrecht (1995)	是否向外部顾问进行咨询、是否参与讨论会、是否参与交易会、所联系的创业者的地理分布	企业增长	网络对小企业增长有影响，特别是通过与国内和国际的创业者保持联系
Ostgaard 和 Birley (1996)	网络规模、网络内容、全球网络、网络建立和维系、网络中的代表性、个人联系网络的多样性和个人联系网络的关系密度	销售额增长、雇员人数增长和三年内的利润增长率	社会网络对公司绩效和发展非常重要
Brüderl 和 Preisendörfer (1998)	来自强连带关系的支持、来自弱连带关系的支持、来自配偶的行动帮助、来自配偶的情感支持	企业是否生存、雇员增长、销售增长	强连带关系和家庭支持是非常关键的资源，从创立者个人网络中获得的支持能提高新成立企业生存和增长的可能性
Bat Batjargal (2000)	结构嵌入、关系嵌入和资源嵌入社会资本	销售增长率、经营边际利润率、总资产回报率	关系嵌入和资源嵌入社会资本影响为正（显著），结构嵌入社会资本没有影响

续表

作者	社会资本	创业绩效	影响方向
Davidsson 和 Honig (2002)	父母经商、受到朋友和家人的鼓励、有亲密的朋友或邻居在经商、和帮助机构保持联系、是创业团队成员、是商业网络成员、已婚	首笔销售额和盈利	是商业网络成员显著正向影响了企业绩效；有亲密的朋友或邻居在经商也显著正向影响了首笔销售额
Florin 等 (2003)	商业网络、个人网络、保险公司数	销售额增长、销售回报率	用销售额增长作为因变量时，没有找到支持社会资源正向影响绩效的证据，但是使用销售回报率作为因变量时，系数为正且显著
Bosma 等 (2004)	和网络中创业者的联系、信息收集渠道、来自配偶的情感支持、配偶的参与	利润、累计雇员人数、企业生存	正向
石秀印 (1998)	先赋性社会关系和获致性社会关系	私有企业家存活和经营效果（资产总额和资产利润率）	正向
边燕杰和丘海雄(2000)	企业的纵向联系、横向联系和社会联系	企业人均生产总值	正向
周小虎和陈传明(2004)	企业的结构性嵌入、关系性嵌入和认知性嵌入	知识创造	正向
郑美群等 (2005)	分企业内部社会资本和企业外部社会资本两部分	高技术企业生产经营活动的能力和结果的总和，表现为盈利能力和未来的成长发展潜力	有利于降低高技术企业交易成本、有利于提高其技术创新能力
马海刚和耿晔强(2008)	企业高级管理人员的人际关系、企业家担任社会职务、企业的知名度和美誉度、企业与上下游企业的关系	企业销售收入增长比同行更快 、企业盈利水平增长比同行更快、企业市场份额增长比同行更快 、企业对资源和生产、经营的控制比同行更有效	正向
张青和曹尉 (2010)	结构资本、关系资本和认知资本	文章没有说明	结构资本对创业机会识别、创业资源的可获得性，关系资本对创业资源的可获得性、认知资本对创业者动机的影响都非常显著，社会资本能够显著提高个人电子商务创业绩效

续表

作者	社会资本	创业绩效	影响方向
李艳军（2010）	种子企业内部社会资本、渠道社会资本、市场社会资本和以政府关系资本为主的环境社会资本	经济绩效和对种子生产商的满意度	渠道社会资本、环境社会资本和市场社会资本对其经济绩效有显著正向影响；种子流通企业满意度受其渠道社会资本的影响，市场社会资本和内部社会资本对其影响不显著
秦令华等（2010）	情感网络和咨询网络	知识的变化或绩效的变化	情感网络的个体中心度对个体绩效的作用不显著。咨询网络的个体中心度与绩效正相关，该作用依赖于个体吸收能力

第3章
理论基础和主要概念界定

通过文献回顾，本书认为，“基于农村微型企业创业者社会资本的农村微型企业创业研究”首先应该建立在社会资本理论和创业过程理论基础之上。同时，创业者独特的社会资本也可以视为创业过程中的一种有价值的、稀缺的、不能被完全模仿的、难以替代的资源。因此，资源基础理论（resource-based theory）也是开展研究的理论基础之一。本章首先阐述研究的三大理论基础，然后再对研究选题涉及的主要概念，即农村微型企业、农村微型企业创业、农村微型企业创业者的社会资本以及农村微型企业创业者的机会识别等进行界定。

3.1 理论基础

3.1.1 创业与创业过程理论

3.1.1.1 什么是创业

对于什么是创业，国内外学者提出了不同的定义。Gartner（1985）认为创业活动是新组织的演进过程，创业与新组织的发展具有相同含义。Stevenson和Jarillo（1990）指出，创业是个人不考虑当前所控制的资源而去追逐机会的过程。Bruyat和Julien（2000）则认为，创业是一个充满变化、新生者随时出现、充满创造力的过程，这一过程不仅创造新的价值，而且改变和创造了创业个体。Timmons（1999）提出，创业是一种思考、推理和行为过程，这种行为过程是机会驱动、注重方法和与领导相平衡。Ireland（2001）声称，创业就是一种与环境相关的社会过程，在这个过程中，个体和团队将各自的资源整合在一起，利用市场机会创造财富。Ma和Tan（2006）认为，创业是一个过程，创造导向的观念指引着先行者、创新者或者创新的胜出者沉浸于这一过程中，从事创新和创造的实践活动，并且最终创造一定的业绩。国内学者李志能

（2001）指出，创业是一个发现和捕获机会并由此创造出新颖的产品、服务或实现其潜在价值的过程。张玉利和陈立新（2003）则指出，创业是基于创业机会的市场驱动行为过程，是在可控资源匮乏前提下的机会追求和管理过程，是高度综合的管理活动，表现为创业者以感知创业机会、识别能为市场带来新价值的创新性产品或服务概念为基础，引发创业者抓住机会，并最终实现新企业生存与成长的行为过程。以上学者所指出的创业的定义有一个共同点，那就是，他们都认为创业是一个识别机会、整合资源、创造价值的过程。

3.1.1.2 什么是创业过程

创业研究经历了从研究创业者特质到研究创业过程的转变。在20世纪60～80年代，研究创业的学者形成了一个重要流派——特质论派，他们认为，创业是少数人天赋使然的特殊活动，主要关注“谁是创业者”的问题，试图区分创业者与非创业者在特质上的不同。Gartner（1985）将企业家分成了8类，发现企业家之间的差别不比企业家与非企业家之间的差别少。随后，Gartner（1988）在系统总结创业特质论研究成果的基础上指出，关注创业者特质的研究是没有出路的，创业研究应该关注创业者行为并努力总结创业过程的规律。从此，创业研究开始从关注创业者特质转向关注创业过程，从把创业视为随机性偶然事件转变为把创业看做可以管理并必须加以管理的系统性活动过程，从而极大地推动了创业研究的发展（张玉利和杨俊，2009）。

对什么是创业过程，国内外学者提出了不同的定义。在Carter等（1996）提出的定义中，创业过程包括从一项商业计划到成为一个现实中的企业组织这一过程中的所有事件。Bhave（1994）的定义是，创业过程是一个理性的、非线性的、反复修正的实际过程，包括最初的机会识别、产品生产线的建设、组织的创建、市场上的交易以及顾客的反馈等。Shane和Venkataraman（2000）则认为，机会是创业研究的中心问题，创业过程是围绕着机会的识别、开发、利用的一系列过程。林嵩等（2004）则认为，广义的创业过程（venture creation process）通常包括一项有市场价值的商业机会，从最初的构思到形成新创企业，以及新创企业的成长管理过程；狭义的创业过程往往只是指新企业的创建过程，而不包括企业的成长管理。唐靖和姜彦福（2008）提出的定义是，创业过程包括从最初的构思到最后形成一个新的经济组织，创业者通过一系列的决策使得创业机会和创业资源得到合理的利用。

3.1.1.3 创业过程理论

创业过程理论是关于创业者从最初的一项创意，到创建新企业，再到新创企业成长为成熟企业的过程的理论（林嵩等，2004）。创业过程理论模型大致分为两大类：一类是线性模型；另一类是非线性模型。线性模型通常按照新企业发展的不同阶段构造模型，能较好地反映组织纵向动态性，诸如 Galbraith（1982）的模型、Churchill 和 Lewis（1983）的模型、Holt（1992）等模型是其中的代表。但是，以线性模式来考察创业过程，逻辑简单，仅仅从纵向上反映了创业发展动态发展的规律；而创业活动的发生并没有固定顺序，不同的创业者在各创业阶段所花的时间差异极大，也不是所有创业行为都遵循一套固定的流程（Reynolds，1995）。因此，线性模式对创业过程规律的揭示过于简单化。

自 Gartner（1985）提出经典非线性模型以来，后来学者在他的基础上又发展出不同的非线性模型，主要有 Wickham（1998）的模型、Sahlman（1999）的模型、Timmons（1999）的模型、Christian（2000）的模型、Ma 和 Tan 的模型（2006）。非线性模型通常按照创业要素来构造模型，能较好地反映创业过程横截面的复杂性。其中，Wickham（1998）的模型对本书有重要启示。

Wickham（1998）在其论文《战略创业》中提出了基于学习过程的创业模型。该模型包含四个要素，即创业者、机会、组织和资源。创业者居于创业活动的中心地位，他识别和确认创业机会、管理创业资源并领导创业组织。Wickham 模型有三层含义。第一，创业活动需要创业者、机会、组织和资源四种要素；第二，创业者的任务就是有效处理机会、资源与组织之间的关系，实现要素间的动态协调和匹配；第三，创业过程是一个不断学习的过程，创业型组织是学习型组织，它通过学习来不断改变要素间的关系，实现要素间的动态平衡，最终达到成功创业。Wickham（1998）模型的特点有二：第一，强调创业者对其他要素的统驭作用，认为创业者具有确认机会、整合资源和带领团队实施创业活动的职能；第二，创业型组织是学习型组织，通过不断学习，创业者可以协调机会、资源和组织的关系，从而成功创业。图 3-1 是 Wickham（1998）的创业过程模型。

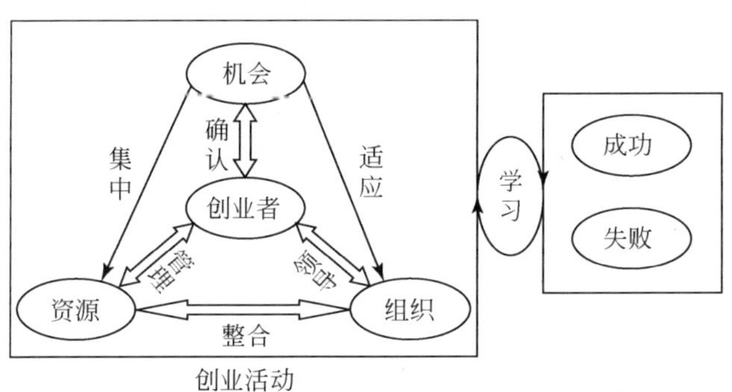

图 3-1　Wickham 的创业过程模型

本书的研究目的在于对基于创业者社会资本的农村微型企业创业的重要规律进行揭示。从企业生命周期角度讲，农村微型企业创业可以划分为四大阶段，即企业诞生、企业生存、企业成长和企业衰退。但是，受市场和资源限制，农村微型企业一般“长不大”。所以农村微型企业创业研究的重点就自然而然地落在了企业诞生和企业生存两个阶段。

受Wickham（1998）模型的启示，在农村微型企业的诞生和生存阶段，基于农村微型企业创业者社会资本的农村微型企业创业过程存在三个重要关系需要澄清：第一，农村微型企业创业者如何调动初始社会资本这一资源进行有效的机会识别，从而建立一个组织；第二，农村微型企业创业者是学习型的，他们将通过对社会资本进行管理的努力，来迎接组织的生存挑战，在这种情况下，创业者的社会资本发展趋势是什么；第三，社会资本经过农村微型企业创业者的管理之后，能够对组织产生什么样的效果。第一种关系反映了资源（社会资本）对活动（机会识别）的影响，第二种关系反映了活动（农村微型企业求生存的行为）对资源（社会资本）结构和内容的影响，第三种关系则反映了资源（社会资本）对活动结果（创业绩效）的影响。总体上讲，三种关系综合反映了农村微型企业创业者控制下的创业者资源与活动的互动影响。对这三种关系的澄清就决定了研究选题需要回答的三个具体问题：第一，农村微型企业创业者的初始社会资本在创业机会识别中扮演什么角色？第二，为了农村微型企业的生存，创业者的初始社会资本的发展趋势是什么？是什么原因导致存在这样一种趋势？第三，初始社会资本经过农村微型企业创业者有意识的动态发展之后，将形成专门服务于创业企业的商业网络嵌入，这种商业网络嵌入对创业绩效将产生什么样的效果？

3.1.2 社会资本理论

3.1.2.1 社会资本的概念

法国社会学家Bourdieu（1977）最早提出了社会资本概念。他认为社会资本“是实际或潜在资源的集合，这些资源和相互默认或承认的关系与所组成的持久网络有关，而且这些关系或多或少是制度化的”。之后，社会学、政治学、经济学、管理学领域的学者们不断提出和发展了社会资本概念。Adler和Kwon（2002）对社会资本的主要概念进行了整理，本书在他们工作的基础上，又增添了Lai等（1998）、Lin（2001）、Adler和Kwon（2002）和Emily（2008）的社会资本概念，见表3-1。

表 3-1　社会资本的概念和分类

学者	社会资本的概念
Baker（1990）	行动者从特殊的社会结构中取得的资源，这种资源被用于实现他们的利益；它产生于行动者关系的变化
Belliveau 等（1996）	个人所在的网络是由长期形成的良好关系组成
Bourdieu（1985）	现实的或潜在的资源集合体，这些资源同拥有一个或多或少有着共同熟悉或认知的制度化关系的持久网络有关 由社会责任（“联系”）组成，它在某种条件下可以转换为经济资本并可以被制度化为声望的形式
Bourdieu 和 Wacquant（1992）	资源的总和，现实的或实质上的，对一个人或一个集体来说，它能凭借占有或多或少基于共同熟悉或认知的制度化关系的持久的网络而有所增长
Boxman 等（1991）	能够被期望提供支持的人的数量和人们可以自由支配的资源
Burt（1992，1997）	朋友、同事和更加一般的联系人，通过他们可以获得使用财务和人力资本的机会，以及网络中的中介机会
Knoke（1999）	社会行动者创造和动员他们的组织内和组织间的网络联系以便摄取其他社会行动者的资源的过程
Portes（1998）	行动者凭借在社会网络中或其他社会结构中的成员身份保证他们利益的能力
Lai 等（1998）	个人的社会资源有两种概念化的方法：网络资源法和联系人资源法。前者关注个人日常维持的网络和网络中成员的资源特征的组成，它显示个人在一个具体的工具主义的行动中，可以从网络中获得资源的程度；后者则表明从个人的社会网络中得到一个资源丰富的联系人的直接后果。可以简单认为，网络资源法重在反映潜在社会资源的大小，而联系人资源法重在反映实际动员社会资源的大小
Lin Nan（2001）	社会资本被认为是嵌入于社会网络中，可以通过有目的的行动摄取或动员的一种资源
Brehm 和 Rahn（1997）	便于解决集体行动问题在公民间存在的协作性网络
Coleman（1990）	社会资本由其功能定义。它不是一个单独的实体，而是一系列不同的实体，通常有两个特征：它们都由社会结构的某些方面组成，并且它们有助于处在结构中的个人的某种行为
Fukuyama（1997）	在集体和组织中人们为了共同的目的在一起工作的能力。社会资本能被简单地定义为非正式价值观和规范的某种集合，这些价值观和规范为集体成员所分享，并在他们中形成合作
Inglehart（1997）	一种信任和容忍的文化，在其中产生了广泛的自愿联合的网络

续表

学者	社会资本的概念
Portes 和 Sensenbrenner（1993）	在一个集体中影响经济目标和它的成员的目标搜寻行为的行动期望，甚至这些目标不是指向经济领域内的
Putnam（1995）	网络、规范和社会信任等有助于形成协调和合作从而达成共同利益的社会组织特性
Thomas（1996）	那些形成于公民社区中、能促进集体发展的、自愿的手段和过程
Loury（1992）	人与人之间自然产生的社会关系，它能促进和帮助人掌握市场中有价值的技能和个性，在解释社会中不公平的持续方面有着和财务遗赠品同样意义的资产
Nahapiet 和 Ghoshal（1998）	嵌入在网络中、可以通过关系网络获得并支取的现实的和潜在的资源的总和。因此，社会资本由网络和他们可以从网络中动用的资产构成
Pennar（1997）	影响个人行为并因此影响经济增长的社会关系网络
Schiff（1992）	影响人们关系的社会结构要素的集合，是生产和（或）效用函数的投入或支点
Woolcock（1998）	深植于一个人社会网络中的信息、信任和规范
Adler 和 Kwon（2002）	社会资本是个人和群体能够获得的声誉。它的来源依赖于行动者社会关系的结构和内容。它的效果来自于行动者可得到的信息、影响和合作程度
Emily（2008）	一个奥地利学派视角的关于社会资本的理解是，它是时而竞争时而互补的异质元素的复杂结合。社会资本具有复杂的结构，由社会规范、社会网络、付出和得到的利益等组成

注：在 Adler 和 Kwon（2002）的工作基础上整理得到

3.1.2.2 社会资本的分类

Adler 和 Kwon（2002）在社会资本概念整理的基础上，对社会资本进行了分类。他认为社会资本分为外部社会资本和内部社会资本。划分的标准是依据研究视角的不同。前者关注社会资本的桥接（bridging）形式，即关注核心行动者的外部联系；后者关注社会资本的联结（bonding）形式，即关注集体行动者的内部特征。

与 Adler 和 Kwon（2002）的划分方法不同，Brown（1997）分别从个人嵌入视角（embedded ego perspective）、结构视角（structural perspective）和结构

嵌入视角（embedded structure perspective），将社会资本的分析层次定为微观、中观和宏观。微观层次社会资本指一个社会实体（个体、组织、团体）从所嵌入的社会网络中动员资源的潜力。中观层次社会资本指具体网络的结构化、网络中个人之间连带方式和由这个特殊结构所导致的资源在网络中流动的方式。宏观层次社会资本则指一个特殊的社会资本网络嵌入政治经济系统和嵌入更大的文化和规范系统的方式。Brown（1997）还指出："这三个水平的分析并不相互冲突，相反，它们相互补充。分析水平的高低取决于要考虑的问题。一个水平的分析过程必然对另一水平的分析过程给予启发。对任何给定的问题，需要在三种水平上进行分析，这样才能形成对社会资本作为社会结构的动态过程的完整理解。"

为了方便组织研究中社会资本概念的使用，罗家德（2008）对组织的社会资本进行了分类。他将组织的社会资本分为组织内社会资本和组织外社会资本，而组织内社会资本又分为个体和集体。他指出，组织内个体社会资本指组织内个人的人际连带关系和网络位置，个体能够由这些结构特征取得资源。组织内集体社会资本指组织的非正式关系网络形态和组织成员的相互信任和善意，它们能促成合作与分享行为，而使整个组织受益。组织外部社会资本是组织作为一个组织网络或社会网络中的一员所占有的网络结构位置以及与其他组织的关系，这些结构位置与关系能为组织带来资源。可见，罗家德（2008）关于组织的社会资本的分类，既考虑了内部和外部之别，又兼顾微观和宏观之别，是 Brown（1997）的分类方法和 Adler 和 Kwon（2002）的分类方法的综合运用。

虽然社会资本分类并不统一，但是彼此有相通之处。例如，罗家德（2008）指出，Brown（1997）意义上的微观和部分中观（个体在网络中的结构位置）社会资本可以合称为外部社会资本，而宏观和部分中观社会资本（群体内部的结构形态）可以合称为内部社会资本。

综合社会资本的概念和分类，从微观水平和从外部来定义社会资本的学者大多把社会资本看做一种资源。微观层次的社会资本研究尤其关注个体通过社会网络动用资源的潜力。在微观层面上，学者们已经发现个人可以通过社会网络获得所需资源，如信息（Granovetter，1973；边燕杰，2006）、知识（Nahapiet and Ghoshal，1998）、工作机会（Bian，1997；Erickson，2001）、资金（边燕杰，2006）、社会支持以及长期的社会合作（Bian，2006）、市场机会（Uzzi，1996）等。从社会资本的分析层次或类别来说，农村微型企业创业者的社会资本显然是一种微观层面的外部社会资本。

3.1.2.3 主要理论流派

社会资本在其发展过程中形成了不同的理论流派，国内学者（张文宏，2003）认为它们可以分为能力观、功能观、社区观、“结构洞”观和社会资源观，以下介绍几种观点的主要内容。

（1）能力观。能力观的代表人物是法国社会学家 Bourdieu。Bourdieu（1986）系统表述了社会资本的概念，指出“社会资本是现实的或潜在的资源集合体，这些资源同拥有一个或多或少有着共同熟悉或认知的制度化关系的持久网络有关，换言之，与一个群体中的成员身份有关”。而在 Bourdieu 看来，社会关系本身并不是自然产生的，必须通过行动者投资于社会网络来主动建构，行动者的社会关系建构能力是创造社会资本的关键，同时社会资本的形成具有明显的工具性色彩。能力观的另一代表人物是 Portes。Portes（1998）这样表述社会资本概念，它是“个人通过他们的成员身份在网络中或者在更宽泛的社会结构中获取稀缺资源的能力。获取能力不是个人固有的，而是个人与他人关系中包含着的一种资产。社会资本是嵌入（embeddedness）的结果”。可见，Portes（1995）的能力观更强调网络嵌入和社会结构对个人稀缺资源获取能力的影响，能力不能够被主观驾驭，因此，这一定义的工具性不太明显。

（2）功能观。功能观的代表人物是 Coleman。Coleman（1994）试图在社会理论中引入一个概念“社会资本”，作为和财务资本、物质资本、人力资本并行的概念，它体现为人与人之间的社会关系。Coleman（1994）在《社会资本对人力资本的创造》一文中写道，“和其他形式的资本一样，社会资本具有生产性，拥有它使某种最终的成就成为可能，没有它就没有这样的结果。如同物质资本和人力资本一样，社会资本并不是完全可以替代的，而是针对某项活动的。一个给定形式的社会资本可能有利于某种行为，而对其他行为可能是无用甚至是有害的”。按照社会资本的功能，Coleman（1990）把它界定为“个人拥有的社会结构资源，……它不是一个单独的实体，而是一系列不同的实体，通常有两个特征：它们都由社会结构的某些方面组成，并且它们有助于处在结构中的个人的某种行为”。他认为社会资本的功能是行动者所处社会结构中的某些方面能够带来价值，行动者可以把社会结构中的某些方面作为资源使用，从而达到自己的目的。Coleman（1994）把社会资本的表现形式概述为责任与期望、社会结构的可信任性、信息网络、规范和有效惩罚等，强调社会网络的封闭性对规范形成的重要作用，并认为社会资本能够创造人力资本。

（3）社区观。社区观的代表人物是 Putnam。Putnam（1993）指出，“与物质资本和人力资本相比，社会资本指的是社会组织的特征，如信任、规范和网络，它们能够通过推动协调一致和采取行动来提高社会效率。社会资本提高了投资于物质资本和人力资本的收益”。他认为，由于信任为社会生活增添了润滑剂，一个依赖普遍性互惠的社会比一个没有信任的社会更有效率，正如货币交换比以物易物更有效率一样。他还认为，像信任、惯例以及网络这样的社会资本存量有自我强化和积累的倾向。实际上，Putnam 把社会资本等同于市镇、都市，甚至整个国家这样的社区中的“公民精神”（civicness）的水平（张文宏，2003）。按照 Putnam 的逻辑，城市、民族和国家的发达与否与社会资本的丰富程度密切相关。

（4）“结构洞”观。“结构洞”观的代表人物是 Burt。Burt（1992）把社会资本定义为“网络结构为网络中的行动者提供信息和资源的控制程度……即结构洞的社会资本”。Coleman（1988）主张网络结构的封闭性——行动者的联系人在多大程度上是内部人，有助于产生有效的规范，并维持对他人的可信赖性，因此加强了社会资本。在一个更为开放的结构中，破坏规范更可能不会受到惩罚，人们因此拥有较少的信任，从而削弱了社会资本。与 Coleman（1988）对封闭性的关注相对应的是，Burt（1992）主张几乎没有冗余连带关系的稀疏网络通常提供更多的社会资本收益；信息在群体之间流动给中介人带来的机会构成社会资本的核心收益；并且，如果一般的信息在群内比在群间流动得更快，那么社会资本的关键来源是以许多结构洞为特征的网络连带，因为它们连接了本没有联系的群体。Granovetter（1973）认为弱连带关系提供有价值的信息，因为这些信息经常来自社会系统的不同部分。Burt（1992）的“结构洞”观建立在 Granovetter（1973）的弱连带理论基础之上，但是，与 Granovetter 关注连带关系的强弱不同，Burt 关注的是已建立的连带关系是否冗余，并认为非冗余的社会连带关系才能增加价值。Burt（1998，2001）又对网络封闭性和“结构洞”概念进行了整合，认为“结构洞”是增加价值的源泉，而网络封闭性则是实现“结构洞”价值的关键因素。

（5）社会资源观。社会资源观的代表人物是 Lin。Lin（1982）认为社会资源是嵌入个人社会网络中有价值的商品，可以通过个人的直接和间接连带关系来摄取。在一个特殊行动中，如找工作，个人可以通过从他的社会网络中的成员那里获取信息和（或）影响来动员他的社会资源，而这反过来会提高其取得成功的可能性。Lin（1982）发现对社会资源的摄取和使用将导致更好的工作寻找结果。社会资源观进一步假设，对社会资源的摄取和使用受两个因素的影响：个人的初始地位（位置强度假说）以及行动者和联系人的关系强度（连带关系强度假说）。特别地，该理论主张，更好的初始位置（如父母的社会经济资源和最初得到的社会经济地位）提高了得到和使用更高社会资源的可能性。受到 Granovetter（1973，1982）的弱连带理论启示，该理论也主张，给定相同的初始位置，那些在找工作过程中使用弱连带关系的人可能会摄取更多的社会资源，因为弱连带关系倾向于提供不同的有用信息和影响，以提高获得更好工作的可能性。Lai 等（1998）区别了社会资源和社会资本的概念。他们认为社会资源是位于个人关系结构中的资源集合，也就是说，社会资源是个人能够得到的、为达到某种目的而可以动员的资源的汇总，而社会资本只是资源的一部分，能够用来成就特殊目的，社会资本是社会资源的具体使用。

3.1.3 资源基础理论

企业资源指企业拥有的所有资产、能力、组织流程、企业特征、信息、知识等，它们能被企业用以控制并实施某种战略以提升企业的绩效（Barney，1991）。资源基础理论（resource-based theory，RBT）的基本思想是：企业拥有的有价值的、稀缺的、不能被完全模仿的，难以替代的资源和能力，它们能为企业带来持续的竞争优势和利润（Penrose，1959；Barney，1991；Wegloop，1995）。企业竞争地位的差别主要取决于企业所拥有的异质性资源。企业间的竞争就可以认为是企业异质性资源层面的竞争，如何独占某些资源或打破竞争对手对资源的独占成为竞争的焦点。因此，企业要取得和保持竞争优势，必须识别、占有、配置与竞争对手有所区别的稀缺资源。RBT 有两个重要的假设前提：资源的“异质性”（heterogeneity）和资源在企业之间的“非完全流动性”。

RBT 萌芽于 Selznick（1957）在所著的《管理中的领导行为》一书中提出的“独特能力”（distinctive competence）概念。Selznick 认为一个组织比其他组织做得更好的特殊因素就是组织的独特能力。Penrose（1959）赋予 RBT 以理论基础，即“组织不均衡成长理论”。她不把企业视为简单生产函数，而是将其定义为“被一个行政管理框架协调并限定边界的资源集合”，内部资源和能力的异质性造成企业生产性服务的异质性，进而赋予每个企业独特的特征，因此，内部资源和能力是企业成长和获得持续竞争优势的源泉。后来，Wernerfelt（1984）、Barney（1986，1991）、Grant（1991）、Peteraf（1993）对 RBT 进行了丰富和完善。Wernerfelt（1984）借鉴了 Penrose（1959）的观点，明确提出“资源基础观念”（resource-based view，RBV），把企业视为有形与无形资源的独特组合而非产品市场的活动。他将人们对企业战略的思考角度由习惯性的“产品”观念转变为“资源”观念。Grant（1991）认为 RBT 的核心是重视“内部审视”（introspective），认为企业内部资源与能力会决定企业战略发展方向和成为企业利润的主要来源。Peteraf（1993）提出能够带来竞争优势的资源的四个条件，即企业的异质性、对竞争的事后限制、不完全流动性和对竞争的事前限制。Barney（1986）发现，企业可以通过积累与培养本身的资源与能力，形成持续竞争优势，这种竞争优势的形成模式称之为"资源基础模式"。他同时指出，如果战略资源均匀分布于所有企业而且高度流动，企业的竞争优势不可持续，竞争优势之所以能持续是因为企业拥有异质性且不可完全流动的资源，不可流动的资源具有有价值性、稀缺性、不可模仿性与不可替代等特性，是企业持续竞争优势和超额利润的源泉。

资源基础理论是一种不同于以迈克尔·波特（1980）产业分析理论为代表的战略研究的逻辑思路，它强调在企业层面而不是产业层面的构建竞争优势，通过提高企业内或企业间的战略要素的使用效率来获取内生的"效率租金"，而不是"垄断租金"（Barney，1991）。在以资源基础理论为理论依据的研究中，已经有学者提出企业存在并且需要关系核心能力的打造（Herremans and Isaac，2004），还有学者认识到企业的社会资本被动态发展以适应环境变化（Reed et al.，2009）。

3.2 主要概念界定

3.2.1 农村微型企业

在本书的研究开展之前，学界并没有对农村微型企业进行过相关研究。但是，国内外学者已经对"微型企业"的概念界定进行了诸多探索。

3.2.1.1 国外政府或组织对微型企业的概念界定

目前，国外政府和组织关于微型企业的概念界定并不统一，大部分定义涉及雇员人数，部分国家不仅提出雇员人数限制，还提出资金限制。蔡翔等（2005）对美国、法国、日本、欧盟、亚洲开发银行、菲律宾、越南以及萨尔瓦多等对微型企业的定义作了较为全面的汇总。根据美国国会通过的《微型企业自力更生法》（*The Microenterprise for Self-Reliance Act*，2000）和布什总统签署的《微型企业援助法》（*Microenterprise Enhancement Act*）的相关内容，微型企业是指是由贫困人口拥有与经营，员工不超过10人（包括不支薪的家庭成员）的公司。法国对微型企业的定义相对简单，凡雇佣员人数在9人以下的企业被称为特小企业。日本则把制造业中20人以下，商业服务业中5人以下的企业定义为微型企业，又称零细企业。显然，日本的界定考虑到了微型企业的产业特征。欧盟委员会把雇员人数在1~9人的企业称为非常小企业。亚洲开发银行（ADB）直接把微型企业界定为“穷人的企业”。菲律宾在1997年颁布的第8289号修正法案中规定，在菲律宾境内从事制造业、农业经济或服务业的独资企业、合伙企业、合作企业或有限责任公司的，其资产在150万比索以下且雇员人数不超过9个的为微型企业。显然，菲律宾从资产总额和雇员人数两个方面界定微型企业。越南则把雇员人数在5人以下、资本金在1亿越南盾以下的企业界定为微型企业。萨尔瓦多从1996年开始，将劳动者不超过10人、年销售额不超过60万克朗的生产单位定义为微型企业。可见，大多数国家都对微型企业的雇员规模进行了限定，而且限定标准多为9人以下。

3.2.1.2 国内学者对微型企业的概念界定

新中国成立后，我国对企业规模的划分标准进行过几次调整，但都没有专门将微型企业单独划归一类。1999年颁布的《大中小型工业企业划分标准》统一把资产总额和销售收入作为划分标准，凡是两个指标在5000万元以下的均为小型企业，而这一划分过于宽泛，实践中常见的“微型”企业无论在资产总额还是在销售收入上都和国家颁布的“小型”企业有着巨大差异。

在我国“微型企业”一词最早出现在1999年7月《人民日报》关于辽宁抚顺市组织下岗职工创业的报道中。而理论界对微型企业的研究成果散落在对小企业的研究中。莫荣（2001）首次提出微型企业的标准，他把7人及以下的注册企业称为微型企业。同时，他认为中国大量的非正规劳动组织也属于微型企业范畴。鲁春平和王印杰（2001）则认为，所谓微型企业是指不受所有制和产业限制，各种所有制性质都有，涵盖三次产业，横跨城市和乡村的小作坊、小店铺、小摊点。蔡翔等（2005）则认为微型企业是由贫困家庭拥有与经营的、员工不超过7人的企业。陈剑林（2005）归纳了各种资料，认为微型企业是指企业雇员人数小于10人、产权和经营权高度统一、产品（或服务）种类单一、规模极小的企业组织。

由此可见，目前国内对微型企业的定义相当不统一，莫荣（2001）主要从雇员人数来界定；鲁春平和王印杰（2001）的定义过于具体，缺乏理论支持并且难以操作；蔡翔等（2005）从经营主体和雇员人数两方面界定，并特别指出微型企业有减少贫困的功能；而陈剑林（2005）从人数、产权特性、产品特征和组织规模等四个方面加以界定，对微型企业的内涵本质有较为深入的提炼。

蔡翔等（2005）还指出，微型企业的界定标准不宜过多过细，主要考虑的有以下四个方面的因素：第一，微型企业的业主大多是穷人，微型企业的雇员较少，以家庭成员为主；第二，微型企业不是高科技企业，它首先解决的是生存问题，关注微小盈利，而不是获得高额的创新利润；第三，微型企业的规模很小，城市和乡村都存在，表现为小作坊、小店铺、小摊点等，即极小的工业、商业、养殖和服务项目等；第四，大多数的微型企业可以归属于非正规部门，脱离政府的管理而存在。本书支持他们的观点，对于广泛存在、经营内容繁杂、形式多样的微型企业，从理论上给予宽松的界定，提出一个庞大的研究对象，更有利于学者们去关注和挖掘微型企业的经济功效和社会功效。

在对微型企业的概念进行界定时，还受到了徐峰博士某些观点的启示。徐峰博士运用 Coase（1937）的企业理论对“什么是微型企业”进行了深入的思考。在 Coase 看来，企业规模的大小取决于企业的市场交易成本和组织运作成本的关系，企业的规模边界是在其市场交易成本和组织运作成本相等的那一个均衡点上。这个均衡就是 Coase 提出的“边际交易成本等于边际管理成本”的企业边界模型。徐峰（2010）认为，极其微小的财产数额是微型企业的一个财产特征。该特征决定企业无法完成更多的内部交易，组织的很多功能被市场化。本书支持徐峰博士的看法，认为微型企业的内涵可以这样描述——微型企业是所有者和管理者合一，财产极其微小，组织高度简约，大部分组织功能被市场化的经济组织。蔡根女等（2010）提出的微型企业定义是：微型企业是企业主在自己可控制的、资产和雇员在该行业小企业平均水平之下，所有权与经营权高度集中、组织结构高度简约，进行商品（或劳务）生产与交换的一种规模极小的经济组织。

在这里，本书赞同陈剑林（2005）关于微型企业的定义，即企业雇员人数小于 10 人、产权和经营权高度统一、产品（或服务）种类单一、规模极小的企业组织。从外延上讲，我国微型企业不仅应包括绝大部分的私营企业，还应包括个体工商户，以及数量众多、没有在工商部门登记注册、有相对稳定经营内容和经营活动的小商小贩和家庭经营组织等。

3.2.1.3 什么是农村微型企业

“农村微型企业”从字面上解释应该是，农民在农村地区创建的微型企业。农村地区则是指我国县级及以下地区。农村微型企业有这样几个特点：第一，它的经营主体是农民；第二，它地处农村，即处于县级及以下地区；第三，经营主体往往实施自我雇佣；第四，家庭成员往往参与经营；第五，雇员人数不超过 9 人（包括家庭成员的雇佣）；第六，农村微型企业收入是整个家庭的重要收入，甚至是家庭的主要经济来源。由农村微型企业的特点延伸开来，其外延非常广泛，如农民个体户、农民私营企业、农民独资企业，以及农民没有进行注册登记的微型地下经济，都属于农村微型企业范畴。基于农村微型企业的特点和外延，本书将“农村微型企业”定义为由农民创建的，地处农村，以自我雇佣为基础，以家庭经营为主，雇员不超过 9 人，企业绩效和家庭福利息息相关的经济组织。农村微型企业既具有一般微型企业的共性，又具有其特定的经济功能，即与农民增收、缓解贫困及改善生计紧密相连。

3.2.2 农村微型企业创业

“农村微型企业创业”指农民在农村地区以微型企业的形式进行的创业。“农村微型企业创业”至少包含三层含义：第一，创业主体是农民；第二，创业地点在农村；第三，创业的组织形式是微型企业。此外，根据对农村微型企业生命周期（企业诞生、企业生存、企业发展和企业衰退四个阶段）的划分，“农村微型企业创业”的研究对象是处于诞生和生存阶段的农村微型企业。

“农村微型企业创业”容易与“农村创业”和“农民创业”发生概念混淆。“农村创业”主要强调创业区域在农村地区，“农村创业”的主体，不仅仅局限于农民。而“农民创业”强调创业的主体是农民，即按照我国现有的农村土地承包政策，拥有农村耕地使用权并从事农业生产的那部分人，“农民创业”的区域并不仅仅局限于农村。

三个概念之间的联系：从地域上讲，“农村微型企业创业”完全包含于“农村创业”；从创业主体上讲，“农村微型企业创业”与“农民创业”的主体都是农民。现实经济生活中，大多数农民囿于资源限制，只能选择微型企业的形式进行创业。因此，“农村微型企业创业”与“农民创业”是很相近的研究领域，并具有“农民创业”的一般性。

三个概念之间的区别：“农村微型企业创业”与“农民创业”和“农村创业”的最大不同之处在于，这个概念对创业的组织形式作出了特别限定，即“微型企业”形式。基于前面“微型企业”的理论分析推知，是农民的财产特征决定了农民创业的主要组织形式是“微型企业”。

“农村微型企业创业”“农村创业”和“农民创业”三个概念的关系可以表示为图 3-2。

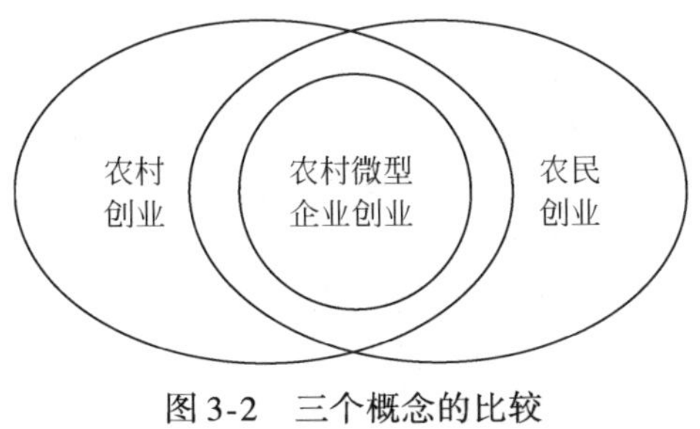

图 3-2　三个概念的比较

3.2.3　农村微型企业创业者的社会资本

3.2.3.1　创业领域个人社会资本的界定

为了服务于具体研究目标，创业领域个人社会资本的界定带有浓厚的操作化色彩并且很不一致。Firkin（2001）将创业者社会资本分为来自网络的社会资本和来自家庭的社会资本。Davidsson 和 Honig（2002）认为创业者社会资本由桥接社会资本和联结社会资本两部分构成。Ardichvili 等（2003）主张创业者社会资本由弱连带、行动集（创业者招募的能够为机会提供必要资源的人）、伙伴（创业团队成员）和内部圈子（和创业者具有长期、稳定关系的人员集合）四部分组成。张玉利等（2008）认为创业者社会资本包括网络规模、网络资源和网络密度。Lai 等（1998）认为个人社会资源有两种操作化的方法，即网络资源方法和联系人资源法，网络资源法重在反映潜在社会资源大小，而联系人资源法重在反映实际动员社会资源大小。Nahapiet 和 Ghoshal（1998）追随 Bourdieu（1986，1993）和 Putnam（1995）的看法，将社会资本定义为“嵌入在网络中，可以通过关系网络获得并支取的现实和潜在的资源的总和”，也就是说，社会资本由网络本身和人们可以从网络中动用的资产构成。可见，Nahapiet 和 Ghoshal（1998）的划分实质上把 Lai 等（1998）所区分的两种社会资本的操作化方法进行了很好的整合，既注重潜在资源又注重实际动员的资源。Nahapiet 和 Ghoshal（1998）将社会资本分为三个维度，即结构维度、关系维度和认知维度。其中，结构面体现行动者之间联系的总体方式，也就是说，行动者都认识哪些人以及如何认识他们；关系面集中反映行动者所拥有的、影响到他们行为的特殊关系；而认知面则代表能为各方提供共同表征、共同理解和共同含义系统的资源。Batjargal（2000）在前人工作的基础上（Nahapiet and Ghoshal，1998；Lai，et al.，1998；Lin，2000）提出社会资本的四个构面：结构面、关系面、认知面和资源面，其中，资源面指网络连带关系包含有价值工具资源的程度。罗家德（2008）认为，组织内个体社会资本的关系面指两两信任，结构面则包括网络连带关系和网络结构位置。Nahapiet 和 Ghoshal（1998）以及罗家德（2008）对社会资本的分类为农村微型企业创业者社会资本的界定奠定了基础。

3.2.3.2 农村微型企业创业者的社会资本

Coleman（1992）指出，由于各种人工创建的社会组织侵蚀了初级群体的关系网络，在现代社会中，家庭和社区所提供的“原始性社会资本”有逐渐衰减的趋势，因此需要通过新型社会资本替代。赵延东和王奋宇（2002）借用这种分类方法，将农村流动人口所拥有的社会资本划分为他们进入城市之前在“乡土社会”中所形成的“原始社会资本”和进入城市社区之后有意识或无意识地建立起来的“新型社会资本”。他们还提出了一个有意义的问题：农民流动者在进城后所建立的新型社会资本与其原始社会资本相比，哪一个会更具有价值。但是，他们仅仅分析了原始社会资本对经济地位的影响，并没有分析新型社会资本的作用。曹子玮（2003）将流动农民的原始社会资本界定为进城前已有的以血缘和地缘关系为基础的初级社会关系网，将新型社会资本界定为他们进城后以业缘关系为基础不断构建的次级社会关系网。他发现，对那些再次建构社会关系网的流动农民来说，其收益要大于没有再次建构社会关系网的流动农民。但是，在他们的研究中，没有考察原始社会资本的作用。赵延东和王奋宇（2002）、曹子玮（2003）都认识到流动农民的社会资本分为原始社会资本和新型社会资本，并认为对两者的对比研究很有意义，但为什么在具体研究中，他们仅仅选择了其中之一呢？Coleman（1992）的“原始性社会资本”的提法包含一种认识：个人的社会资本是动态发展的。原始社会资本和新型社会资本的划分方法本身就包含一个动态时间序列问题，对两者进行比较研究则意味着要进行长时间的跟踪调查，而实施跟踪调查是非常困难的，所以以往的学者在开展相关研究时，往往只能将重点放在一处，要么是原始社会资本，要么是新型社会资本。

“创业者的社会资本与农村微型企业创业”主要关注三个问题，即农村微型企业创业者的初始社会资本对其机会识别的影响、面向企业生存需要的社会资本的动态发展以及经农村微型企业创业者动态发展后的社会资本对创业绩效的影响。这表明，本书不仅关注农村微型企业创业者的初始社会资本，还关注初始社会资本的进一步发展以及发展以后形成的社会资本。因此，从纵向的时间轴看，农民的社会资本可以划分促成企业诞生的初始社会资本和企业生存阶段的商业网络嵌入，后者是农民创业服务于企业生存目的主动培育起来的；从横截面看，农村微型企业创业者的社会资本又可以分为结构面和关系面两个维度，结构面社会资本主要指创业者的强连带关系和弱连带关系，而关系面社会资本主要指创业者和商业伙伴形成的关系信任。社会资本对机会识别影响的文献回顾告诉人们，这方面的大多数研究只考虑社会资本的结构面，因循这一传统，本书在将农村微型企业创业者进行机会识别时所用到的初始社会资本分为强连带关系和弱连带关系。而在社会资本动态发展趋势以及经农村微型企业创业者动态发展后的社会资本对创业绩效影响的研究中，则将社会资本分为结构面和关系面两个维度，包括强连带关系、弱连带关系和关系信任三个方面。

3.2.4 农村微型企业创业者的机会识别

3.2.4.1 什么是机会识别

创业机会是指新产品、新服务、新的原材料和组织方式被引入并以高于它们生产成本的价格出售的情况（Casson，1982）。对创业机会的识别是创业过程的关键步骤。

先前关于机会识别的研究可以分为两大派别：机会客观存在派和机会主观创造派。前者认为，机会在被发现之前就是客观存在的。这一派别又可以细分为三种观点，Stiegler（1952）和 Caplan（1999）强调信息搜寻是机会产生的主要原因；Shaver 和 Scott（1991）、Kirzner（1997）则主张机会是偶然被发现的；以 Shane 和 Venkataraman（2000）为代表的学者认为机会本身是客观存在的，但是，机会并不是所有人在任何时候都能知道的，个人对机会的敏感性不同导致一些人比另一些人更能识别出机会。

根据机会主观创造派的观点，机会不是客观存在的，而是被主动构造出来的。Gartner 等（2003）认为，虽然机会要素可以被“认出”，但是机会是构造出来的，不是被发现的。Ardichvili 等（2003）同意他们的看法，并主张机会识别包括三个方面的内容：感觉或觉察到市场需要和（或）没有被充分使用的资源；认识到在特殊的市场需求和特殊的资源之间存在一个“匹配”；以商业概念的形式创造一个迄今为止尚处于分离状态的需求和资源之间的“匹配”。

Sarasvathy 等（2003）综合了两派的观点，认为机会识别是一种过程，并把机会识别过程分成三种类型，即机会认出（opportunity recognition）、机会发现（opportunity discovery）和机会创造（opportunity creation），并指出，如果供给和需求都存在得相当明确，那么，把供给和需求连接起来的机会就只需被

"认出"；如果只有一方存在，那么在匹配实施之前，不存在的一方首先得被"发现"；如果供给和需求都没有以明显的方式存在，供需双方都不得不被"创造"出来。可见，三种类型的机会识别所包含的创业者主观能动性作用成分越来越多，所对应的机会创新性在不断增强。

此外，Singh 等（2003）把机会识别定义为两种情形，一是新企业的创建和形成；二是现有企业的显著提升。可见，Singh 等（2003）提出的意义上的机会识别是一种结果，指企业创建和企业显著提升的事实。

综合看来，机会客观存在派定义的机会识别仅指机会认出或机会发现的过程；机会主观创造派定义的机会识别指机会创造过程；Sarasvathy 等（2003）意义上的机会识别包括机会认出、机会发现以及机会创造过程，其内涵最为全面；Singh 等（2003）机会识别的概念又显得过于宽泛，而不便于深入研究企业诞生的特殊情形。

3.2.4.2 农村微型企业创业者的机会识别

在本书中，为了关于机会识别的两个子研究的研究需要，对农村微型企业创业者的机会识别作出两种界定。第一种以 Singh 等（2003）的观点为基础，将农村微型企业创业者的机会识别界定为农村微型企业的创建。第二种以 Sarasvathy 等（2003）的观点为基础，将农村微型企业创业者的机会识别界定为一个过程，该过程有三种类型，即机会认出、机会发现和机会创造。之所以这样界定，是因为本书不仅要关注农村微型企业的诞生；在农村微型企业的创新水平普通低下的情况下，更应该关注农村微型企业创业者初始社会资本对不同的机会识别类型的影响。Sarasvathy 等（2003）认为，不同的机会识别类型决定了不同的创新水平，不同的创新水平最终影响创业利润大小和企业存在的时间。

第4章 农村微型企业创业者初始社会资本对机会识别类型的影响

农村微型企业创业在农民增收、农村剩余劳动力转移和农村城镇化进程中发挥着重要作用，但是该作用的发挥受到一个很大的局限：在现有的农村微型企业创业中，复制性创业居多，创新性创业偏少（高建等，2006）。创新是创业利润和企业持续竞争优势的根本来源。农村微型企业创业发展到现阶段，政府以及创业者本人关注的重心也许不再是所创企业数量和能否创建一个企业的问题，而是从准备创业的那一刻起，就该为提高创业机会的品质——创新性而努力。

创业机会本质上是位于复制型机会和创新型机会两种极端类型之间的连续体，其创新性取决于“手段-目的”关系的优化程度（张玉利等，2008）。创业机会的创新性品质和机会识别活动类型有密切联系。创业研究领域的著名学者Sarasvathy等（2003）将机会识别活动分为三种类型：机会认出（opportunity recognition）、机会发现（opportunity discovery）和机会创造（opportunity creation），并指出，如果供给和需求都相当明确，那么把供给和需求连接起来的机会就只需被“认出”；如果只有一方存在，那么，在匹配实施之前，不存在的一方首先要被“发现”；如果供给和需求都没有以明确的方式存在，那么两方都不得不被“创造”出来。由此可见，从机会认出，到机会发现，再到机会创造，其对应的机会创新性不断加强。机会识别活动类型的划分揭示了机会识别过程的本质差异，这种本质差异是造成机会创新性差异的根本原因，而机会创新性差异则是机会识别类型在创新方面的综合表现。

农村微型企业创业者的财务资本和人力资本相对匮乏，但是他们嵌入在一定的社会网络之中的，拥有初始社会资本。本章关注的问题是：农村微型企业创业者的初始社会资本能否预测机会识别活动的类型。如果实证结果表明能够预测，农村微型企业创业者自身或政府就能够通过改变创业者的初始社会资本而影响机会创新性，进而提高创业利润并保持企业的竞争优势。

4.1 理论分析和假设提出

Granovetter（1973）最先使用强连带关系、弱连带关系的概念来描述网络结构。强连带关系下的社会关系中有频繁的互动并易于提供基于亲朋关系的互惠。相反，弱连带关系下的社会关系中，没有频繁的互动，因此缺乏情感满足。强连带关系和弱连带关系在传递信息的功能上是不一样的。强连带关系倾向于传递冗余信息，而人们往往通过弱连带关系进行新信息的扩散（Nelson，1989）；弱连带关系通过提供新信息而有利于机会识别（Singh et al.，1999；Elfring and Hulsink，2003）。农村微型企业创业者的初始社会资本指农村微型企业创业者在机会识别时能够从社会网络中动员的关系。它分为两大方面：一是农村微型企业创业者和亲戚和朋友之间形成的持久的、联系频繁的、感情亲密的关系，即强连带关系；二是农村微型企业创业者和所认识的熟人之间形成的偶然关系，即弱连带关系。

强连带关系和弱连带关系都能为行动者带来信息和资源收益（Granovetter，1973），但是，本书认为两种连带在提供信息和资源上各有侧重。对农村微型企业创业者而言，强连带关系在资源提供方面具有优势。这里的资源指新古典经济学意义上的资本、劳动和土地。韦伯（1995）指出，中国人的信任不是建立在信仰共同体的基础之上，而是建立在血缘共同体基础之上，即建立在家族亲戚关系或准亲戚关系之上，是一种难以普遍化的特殊信任。汉密尔顿（1990）也认为，一个中国个体商人的可信可靠程度及其商业上的成功最终建立在乡亲族党的关系之上。也就是说，在中国，信任主要来自亲戚、朋友等强连带关系，并且信任程度随连带关系的强弱而变化。由于农民的生产、生活模式的高度趋同和活动范围的相对狭小，这种基于强连带关系的特殊信任尤为明显。农民往往在资源匮乏的条件下进行创业，而通过正式制度获取资源（如启动资金、土地）不仅手续繁琐，而且门槛也高，农村微型企业创业者会理性依靠社会关系获取资源，而首选的社会关系是强连带关系。当强连带关系正好拥有农村微型企业创业者需要的资源时，他们出于高度信任或者出于责任会慷慨地对创业者予以资源支持，创业者可以较方便地使用该资源。当然，强连带关系也能提供信息。例如，农村微型企业创业者在使用祖传手艺进行创业时，强连带关系扮演传递复杂信息或者默会知识的角色。但是，多数农民在创业时脱离了传统农业，转而进入非农行业，他们更需要来自非农行业的有价值的新信息，这些新信息往往是与农村微型企业创业者生活在同一个圈子的亲戚、朋友所不具备的。

而农村微型企业创业者的弱连带关系在提供新信息方面可能具有优势。这里的信息指能够用来消除市场不确定性的信息，它既非物质，也非能量。新信息更容易通过弱连带关系获得，原因是：第一，如果维持紧密联系需要高成本的话，出于成本的考虑，强连带关系数量有最大值，但是，人在其社会网络中拥有许多弱连带关系是可能的；第二，弱连带关系的互动并不是建立在某种规律的基础上，所以较之于强连带关系，通过弱连带关系能更好地摄取独特的信息（Granovetter，1973）。结构洞理论则认为非冗余的连带关系或者说跨越结构洞的连带关系能提供新信息的摄取（Burt，1992）。对农村微型企业创业者而言，弱连带关系的信息优势更为突出。因为农民的职业和土地密不可分，土地的不可移动性使得农民生活在一个相对狭小的空间范围，久而久之，农民生活的社会网络体现出明显的封闭和内聚特征，网络内倾向流动同质信息。始于20世纪70年代末的经济转轨冲击了农民生活的社会网络，一定程度上破坏了原有特征。农民在城乡之间的候鸟式的迁徙和农村、城市人口的双向对流使得农民有了认识更多来自不同群体的熟人的机会，并由此接触到更多的新信息，其中包括和创业相关的市场经济信息。也就是说，农村微型企业创业者的弱连带关系联系人是新信息的重要来源。当然，弱连带关系联系人也能够提供资源，但是，由于农村微型企业创业者和弱连带关系联系人之间难以建立起特殊信任，创业者难以动用弱连带关系上的资源。

由于强连带关系在提供资源方面具有优势，而弱连带关系在提供信息方面具有优势，它们对机会识别类型会有不同影响。如果要识别的机会属于“机会认出”类型，供给和需求都相当明确，而且有关供给和需求的信息的分布是随机的，那么这就意味着没有哪个创业者拥有能够系统地从超常信息中获益的可能性。既然供给和需求的匹配被随机地知晓，那么一旦某个农村微型企业创业者知晓这一匹配之后，剩下的工作就是调动资源完成该匹配。资源约束就成为这种类型的机会识别的核心问题，不同农村微型企业创业者之间竞争的重点就变成资源竞争，只要资源到位，这种类型的机会就很容易被把握。如果要识别的机会属于“机会发现”类型，供给和需求只有一方明确，那么创业者之间竞争的重点会发生改变。如果是供给明确，需求不明确，那么农村微型企业创业者面临的主要问题是发现需求，即好的销售市场，此时竞争的重点也许不再是资源竞争，而是哪里才有好市场的信息的竞争。同理，如果需求明确，那么创业者面临的主要问题变成如何组织供给。在如何组织供给的问题上，信息和资源至少同等重要。如果要识别的机会属于“机会创造”类型，供给和需求双方都不明确，农村微型企业创业者面临的主要问题是如何创造供给和需求，此时的竞争会上升到一个新的水平，重点就变成独特价值创造模式的竞争，而要在这个方面取得成功，掌握新信息是非常必要的。强连带关系虽然能有效扩大创业者的资源摄取范围，从而能较好地解决农民创业时遇到的资源约束问题，但是，在新信息提供上不具有优势。因此，可以推测，农村微型企业创业者的强连带关系会在“机会发现”和“机会创造”两种类型的机会识别上表现乏力。基于以上分析，本书提出：

假设 1：农村微型企业创业者的强连带关系数量越多，越有可能导致机会认出，而不是机会创造和机会发现。

农村微型企业创业者可以拥有大量的弱连带关系，并且弱连带关系联系人更有可能来自异质群体，这就一定程度上保证了农村微型企业创业者获得信息的数量和新颖性。丰富而新颖的信息对“机会创造”非常重要。如果要识别的机会属于“机会创造”类型，那么机会不是预先存在的——既不是被认出的，也不是被发现的，而是来自识别过程。也就是说，机会创造是创造供给和需求的过程，新信息的介入极可能为农村微型企业创业者带来启发，从而提高机会创造的可能性。在“机会发现”类型下，机会被假设为在宏观层面是完全被忽视的，而在个体层面可以被发现。有着更多弱连带关系的农村微型企业创业者可以依赖于新信息，以更大的可能性发现一个迄今为止没有被整个农民群体发现的利润机会。在“机会认可”类型下，被农村微型企业创业者认可的机会被认为在人群中均匀分布，也就是说，新信息对机会认可的影响不大。基于以上分析，本书提出：

假设 2：农村微型企业创业者的弱连带关系数量越多，越有可能导致机会创造，而不是机会认出和机会发现。

创业特殊人力资本一般包括创业者在创业方面的先前经验和家庭背景（Brüderl et al.，1992）。农村微型企业创业者的先前自我雇佣经验是其创业特殊人力资本的一部分。先前自我雇佣经验可能赋予了农村微型企业创业者更高的人力资本水平（Bates，1990），并获得关于创业的片段知识（Spender，1996）。这些片段知识中有一点也许最为重要，就是关于创业本质的认识——机会创新性是创业利润的根本来源。也就是说，要做很少人做或者没有人做过的事业。这是因为，能够赚取创业利润的机会将吸引许多经济主体参与其中。当机会被开发时，外部性就产生了。机会的创新性越低，信息以低成本或无成本的方式向其他后来经济主体扩散得越快。虽然模仿者的进入最初可以证实机会有效并提高总体需求，但最终竞争主导市场，创业利润变得越来越分散（Schumpeter，1934）。创新性是创业利润和企业持续竞争优势的根本来源，而机会识别类型又决定了机会创新性。从机会认可，到机会发现，再到机会创造，其对应的机会性质是创新性不断加强。因此，进行机会识别时，有先前自我雇用经验的农村微型企业创业者会比没有这种经验的创业者更有可能试图进行机会创造或机会发现，而不是满足于很容易被复制的机会认可。基于以上分析，本书提出：

假设3：农村微型企业创业者的自我雇佣经验越丰富，越有可能导致机会创造，而不是机会认出和机会发现。

如果农村微型企业创业者具有先前自我雇佣经验，他们就或多或少地懂得创业的本质是要做很少人做或者没有人做过的事业的道理。同时，先前自我雇佣经验还使得农村微型企业创业者获得各种具体经验，如融资经验、企业创建经验以及领导者经验等，从而使农村微型企业创业者拥有更多将机会变成现实的自信和能力。弱连带关系能为农村微型企业创业者提供丰富的有价值的新信息，但是，只有具有先前自我雇佣经验的农村微型企业创业者才善于从众多的新信息中筛选具有创新性的机会。基于以上分析，本书提出：

假设4：弱连带关系数量和自我雇佣经验的交互项能更好地预测机会创造，而不是机会认出和机会发现。

4.2 研究方法

4.2.1 样本选取与数据收集

（1）样本选取。在社会资本和机会识别的关系研究中，有学者通过对已成立企业的创业者进行回顾式问卷调查来收集数据（Singh，1999）。由于这种数据收集方式容易造成记忆退化和后视偏差，因此，后来的学者对数据采集方法进行了改进，即对数据采集对象进行跟踪调查（Ardichvili，2003）。国际合作项目——创业动态跟踪研究（panel study of entrepreneurial dynamics，PSED）也是以动态跟踪而非回顾式调查为特色。囿于时间和财力限制，本书无法开展跟踪调查。为了尽可能减少记忆退化和后视偏差带来的不利影响，本书选择创立时间在一年以内的农村微型企业为研究对象。具体来说，研究对象要满足5个条件：①创业者是农村户口；②创业地点位于县城及以下；③创业者自我雇佣；④包括创业者在内，企业人数规模在10人以下；⑤成立时间在2008年7月之后。开展问卷调查的时间是在2009年7月。

（2）数据收集。实地调查分两步：筛选型面试（screening interview）和正式问卷调查。前者的目的是框定研究对象，后者的目的是收集相关数据。正式问卷调查时，由调查人员按问卷中的题项对被调查者进行询问，然后根据其回答，完成问卷的填写。创业者的性别、年龄、教育程度等题项采取填空方式；农村微型企业创业者初始社会资本中的强连带关系数量、弱连带关系数量题项则采取李克特 5 点量表方式；农村微型企业创业者的机会识别类型题项采用是与否两点量表方式。问卷发放兼顾东部、中部、西部省份，从而使样本来自不同发达程度的农村地区。一共发放问卷 300 份，回收问卷 284 份，有效问卷 263 份，占发放问卷的 87.7%。表 4-1（a、b）展示了样本分布的数字特征。

表 4-1（a） 样本分布的数字特征（一）

项目		样本量/个	所占比例/%
性别	男	168	63.88
	女	95	36.12
年龄	30 岁以下	64	24.33
	30～40 岁	101	38.40
	40 岁以上	98	37.27
教育程度	小学及以下	112	42.59
	初中毕业或肄业	89	33.84
	高中毕业或肄业	62	23.57

表 4-1（b） 样本分布的数字特征（二）

所在省份	样本量/个	所占比例/%	地区加总/%
河北	18	8.45	东部 23.95
山东	27	7.04	
江苏	11	7.51	
浙江	15	2.35	
广东	10	1.41	
湖北	76	37.56	中部 60.08
江西	26	7.51	
安徽	18	5.63	
山西	15	2.35	
湖南	23	0.47	
云南	11	4.69	西部 15.97
内蒙古	9	3.76	
广西	12	3.29	
陕西	10	4.23	

表4-1（a、b）显示，所调查的农村微型企业中，从农村微型企业创业者的性别看，男性占63.88%，女性占36.12%；从年龄分布看，30岁以下的占24.33%，30~40岁的占38.40%，40岁以上的占37.27%；从教育程度看，小学及以下的占42.59%，初中毕业或肄业的占33.84%，高中毕业或肄业的占23.57%；从样本所在地区分布看，东部占23.95%，中部占60.08%，西部占15.97%。总体来看，样本分布广泛。

4.2.2 变量定义与测度

4.2.2.1 因变量

机会类型。先前并没有学者发展测度机会类型的量表。Sarasvathy等（2003）对机会认可、机会发现和机会创造有清晰的定义。如果供给和需求都相当明确，即为机会认可；如果供给和需求只有一方明确，即为机会发现；如果供给和需求双方都不明确，即为机会创造。因此，本书设置了两个题项来收集相关信息。它们分别是：①您打算创业时，自己已经拥有或者能够得到足够的资源。②您打算创业时，非常清楚自己要去做什么事情以及如何去做。每个题项设置“是”与“否”两种答案，对两个题项都回答“是”的，则认为是机会认可；对两个题项中的一个回答“是”，另一个回答“否”的，则认为是机会发现；对两个题项都回答“否”的，则认为是机会创造。

4.2.2.2 自变量

（1）强连带关系数量。强连带关系数量用农村微型企业创业者基础社会关系中的亲戚和朋友数量来衡量。但是，通过“提名生成法”直接获得准确的强连带数量是困难的，为此，设置了3个题项来间接收集信息。它们分别是：①在您打算创业时，您的亲戚和朋友当中，能够借钱给您、提供劳动力或者提供土地等生产资料的人有几个？②在您打算创业时，您的亲戚或朋友当中，已经创业的人有几个？③在您打算创业时，在您的亲戚和朋友当中，是企业或金融机构职员、公务员的有几个？对这三个题项，1、2、3、4、5分别代表0个、1个、2个、3个和4个以上。本书用3个题项得分的算术平均值来衡量强连带关系数量。这样处理的理论依据是，当缺乏理论对现存概念的各个组成部分的重要性进行分级时，对各个组成部分最好给予同等程度的考虑（Welbourne and Andrews，1996）。

（2）弱连带关系数量。弱连带关系数量用农村微型企业创业者基础社会关系中的熟人数量来衡量。同样的，直接获得准确的弱连带关系数量也是困难的，为此，设置了两个题项来间接收集信息。它们分别是：①在您打算创业时，您的熟人当中，已经创业的人有几个？②在您打算创业时，您的熟人当中，是企业或金融机构职员、公务员的有几个？③在您打算创业时，能够给您提供咨询的熟人有几个？对这3个题项，1、2、3、4、5分别代表0个、1个、2个、3个和4个以上。本书用3个题项得分的算术平均值来衡量弱连带关系数量。

4.2.2.3 协变量

先前自我雇佣经验。先前自我雇佣经验用农村微型企业创业者先前创业的年限总和来衡量。例如，如果先前有过两次创业经验，则把每次创业持续时间加起来，加总得到的年限则用于衡量先前自我雇佣经验。为此，设置两个题项，它们分别是：①在创办您目前的事业之前，您进行过几次创业？②每次创业持续的时间有多长？如此一来，所得到的农村微型企业创业者的先前自我雇佣经验是个连续变量，从而满足多分变量逻辑回归方法对协变量必须是连续变量的要求。

4.2.3 数据分析方法

数据分析方法采用多分变量逻辑回归方法（multinomal logistic regression，MLR）。为了检验前面提出的假设，采用逐步加入自变量、协变量以及自变量和协变量的交互项的多分逻辑回归模型进行数据分析。

4.3 数据分析结果及解释

表4-2和表4-3为主要研究变量的描述性统计信息。表4-2显示被调查的农村微型企业中，强连带关系数量、弱连带关系数量和先前雇佣经验的最小值、最大值、均值和标准差；表4-3中则显示三种机会识别类型的数量分布情况。

表4-2 自变量和协变量的描述性统计

变量	最小值	最大值	均值	标准差
强连带关系数量	1.00	5.00	4.02	1.12
弱连带关系数量	0.00	5.00	1.76	0.86
先前雇佣经验	0	19	4.35	5.89

表 4-3　因变量的描述性统计

变量	机会认可	机会发现	机会创造	总计
机会识别类型	136	95	32	263
比例/%	51. 71	36. 12	12. 17	100

将自变量强连带关系数量和弱连带关系数量引入多分逻辑回归模型后，以机会创造为参考类别，结果如表 4-4 所示。可以发现，在机会认可和机会发现两种类型下，强连带关系数量的 logit 参数分别为 0. 657 和 0. 455，分别在 0. 01 和 0. 1 的水平下显著，说明强连带关系数量预测机会认可的可能性是预测机会创造可能性的 1. 929 倍，而预测机会发现的可能性是预测机会创造可能性的 1. 576 倍，假设 1 得到验证。

由表 4-4 还可以发现，弱连带关系数量的 logit 参数分别为 -0. 396 和 -0. 156，分别在 0. 05 和 0. 01 的水平下显著，说明弱连带关系数量预测机会认可的可能性是预测机会创造可能性的 0. 673 倍，而预测机会发现的可能性是预测机会创造可能性的 0. 856 倍，假设 2 得到验证。

表 4-4　以强连带关系数量和弱连带关系数量为自变量的模型统计量

机会识别类型		参数估计	Wald 检验	显著性水平	Exp（参数）
机会认知	截距	-1. 322	34. 06	0. 008	
	强连带关系数量	0. 657	176. 76	0	1. 929
	弱连带关系数量	-0. 396	41. 11	0. 014	0. 673
机会发现	截距	-0. 432	6. 31	0. 024	
	强连带关系数量	0. 455	37. 63	0. 088	1. 576
	弱连带关系数量	-0. 156	56. 07	0	0. 856

将自变量强连带关系数量和弱连带关系数量、协变量先前自我雇佣经验引入多分逻辑回归模型，以机会创造为参考类别，其结果如表 4-5 所示。可以发现，协变量先前自我雇佣经验的 logit 参数分别为 -0. 359 和 -0. 300，分别在 0. 01 和 0. 05 的水平上显著，这说明农村微型企业创业者的先前自我雇佣经验预测机会认可的可能性是预测机会创造的可能性的 0. 698 倍，而预测机会发现的可能性是预测机会创造的可能性的 0. 741 倍，假设 3 得到验证。但是，引入协变量之后，强连带关系数量对机会识别类型的预测作用不再显著，可能的原因是，有着先前自我雇佣经验的农村微型企业创业者通过前几次创业积累了一定的创业资源，那么在开展一项新的创业活动时，资源约束不是主要障碍，强连带关系的资源优势变得不再重要。

表 4-5　增加先前自我雇佣经验为协变量后的模型统计量

机会识别类型		参数估计	Wald 检验	显著性水平	Exp（参数）
机会认知	截距	-0.382	94.06	0.179	
	强连带关系数量	0.257	5.77	0.432	1.293
	弱连带关系数量	-0.306	41.11	0.000	0.736
	先前自我雇佣经验	-0.359	103.23	0.007	0.698
机会发现	截距	-0.834	6.31	0.458	
	强连带关系数量	0.175	3.63	0.188	1.191
	弱连带关系数量	-0.170	60.67	0.000	0.844
	先前自我雇佣经验	-0.300	58.90	0.019	0.741

将自变量、协变量以及自变量和协变量的交互项引入多分逻辑回归模型，以机会创造为参考类别，其结果如表 4-6 所示。可以发现，弱连带关系数量和先前自我雇佣经验的交互项的 logit 参数分别为-0.506 和-0.006，分别在 0.1 和 0.01 的水平上显著，这说明交互项预测机会认可的可能性是预测机会创造的可能性的 0.603 倍，而预测机会发现的可能性是预测机会创造的可能性的 0.994 倍，假设 4 得到验证。但是，引入交互项之后，先前自我雇佣经验的 logit 参数没有通过 Wald 检验，均不显著。同时，弱连带关系的 logit 参数也没有通过 Wald 检验，表现为不显著。可能的原因是，自我雇佣经验和弱连带关系数量影响机会识别类型的主效应包含在两者的交互项目中。

表 4-6　增加先前自我雇佣经验和弱连带关系数量交互项后的模型统计量

机会识别类型		参数估计	Wald 检验	显著性水平	Exp（参数）
机会认知	截距	-1.902	84.78	0.289	
	强连带关系数量	0.357	77.81	0.032	1.429
	弱连带关系数量	-0.306	7.12	0.557	0.736
	先前自我雇佣经验	-0.419	11.22	0.337	0.658
	先前自我雇佣经验×弱连带关系数量	-0.506	86.18	0.081	0.603
机会发现	截距	-0.494	13.32	0.309	
	强连带关系数量	0.288	23.12	0.058	1.334
	弱连带关系数量	-0.195	5.02	0.127	0.822
	先前自我雇佣经验	-0.452	2.98	0.456	0.636
	先前自我雇佣经验×弱连带关系数量	-0.006	109.34	0.003	0.994

为了进一步验证“自我雇佣经验和弱连带关系数量影响机会识别类型的主效应包含在两者的交互项目中”是否属实，本书又进行了似然比测试，结果见表4-7。可以发现，剔除弱连带关系数量和先前自我雇佣经验以后，Chi-Square值没有发生显著改变，从而再次证明交互项包含主效应的推断。

表4-7　似然比测试结果

所有进入模型的变量	剔除某个变量后模型的-2LL值	Chi-Square	显著性水平
截距	117.338	0.000	0.000
强连带关系数量	149.657	32.319	0.000
弱连带关系数量	153.944	4.287	0.365
先前自我雇佣经验	160.200	10.543	0.628
先前自我雇佣经验×弱连带关系数量	205.491	55.834	0.000

4.4　结论与贡献

综上所述，在农村微型企业中，农村微型企业创业者的初始社会资本是影响机会识别类型的重要因素，不仅对强连带关系数量有影响，而且对弱连带关系数量也有影响。同时，先前自我雇佣经验对初始社会资本和机会识别类型的关系有干扰作用。具体结论有以下三条。

第一，农村微型企业创业者的初始社会资本中，强连带关系数量和弱连带关系数量能够较好地预测机会识别类型。强连带关系数量越多，农村微型企业创业者越倾向于机会认可，其次是机会发现，最后才是机会创造；弱连带关系数量越多，农村微型企业创业者越倾向于机会创造，其次才是机会发现，最后才是机会认可。

第二，先前自我雇佣经验也能够较好地预测机会识别类型。先前自我雇佣经验越丰富，农村微型企业创业者越倾向于机会创造，其次是机会发现，最后才是机会认可。

第三，先前自我雇佣经验和弱连带关系数量的交互作用对农村微型企业创业者的机会识别类型有预测作用。先前自我雇佣经验越丰富且弱连带关系数量越多，农村微型企业创业者越倾向于机会创造，其次是机会发现，最后才是机会认可。

本章的理论贡献在于四个方面：第一，它探究了在农村微型企业背景下，农村微型企业创业者的初始社会资本和机会识别类型的关系，这就将创业研究的背景进行了有益的扩展，使得相关理论有了更为广阔的应用舞台，能够为中国普遍存在的农村微型企业创业现象提供理论指导。第二，它侧重研究社会资本对机会识别类型的影响，从而超越了先前研究主要围绕社会资本和机会识别的可能性及数量关系来展开的局限。第三，从农村微型企业创业者初始社会资本的不同维度出发，分别探究了强连带关系数量和弱连带关系数量对机会识别类型造成的影响。第四，模型中引入先前自我雇佣经验这一协变量，并探究了该变量影响下，农村微型企业创业者初始社会资本对机会识别类型的影响有何不同，从而使得模型更具权变性质。本章的现实意义在于，为农村微型企业创业者主动培育和充分利用初始社会资本的不同方面以及先前自我雇佣经验，因地制宜、因时制宜地选择机会识别类型，提供经验证据；同时，也为政府从宏观层面调控农民的创业机会类型提供了一些思路。

第5章 连带关系对返乡农民工的创业机会识别的影响力

返乡农民工本土创业是我国农村近年来大量涌现的一种现象。返乡农民工创业首先面临的就是机会识别问题。先前的研究表明，个人社会资本中的强连带关系和弱连带关系在机会识别过程中扮演重要角色（Ardichvili et al.，2003；Davidsson and Honig，2003）。根据Nahapiet和Ghoshal（1998）以及罗家德（2008）对社会资本的维度划分，强连带关系和弱连带关系同属于社会资本结构面。强连带关系是指农村微型企业创业者和亲戚和朋友之间形成的持久的、联系频繁的、感情亲密的关系；弱连带关系指农村微型企业创业者和所认识的熟人之间形成的偶然关系。农民打工前建立的本地弱连带关系由于农民长期在外不常联络而退化萎缩，因此返乡创业农民工的初始社会资本有两大方面：外地弱连带关系和本地强连带关系。返乡农民工的本地强连带中很大一部分基于血亲网络，已有研究指出，农村血亲网络在农村微型企业创业者和市场信息与创业机会建立了更好的桥梁并降低了创业门槛（Peng，2004）。但是，返乡农民工的本地强连带关系容易处于同一个群体中，其传递新信息的能力有限。而农民工在外地工作内容的改变会让他们接触到不同的人，进入不同的群体。根据弱连带理论，异质性群体更有可能传递有价值的新信息，创业者的先前信息和新信息的结合产生机会识别（Shane and Venketaraman，2000），因此，也有另一种可能——外地弱连带关系对返乡农民工机会识别更具影响力。那么，外地弱连带关系和本地强连带关系，究竟谁对返乡农民工的创业机会识别更具影响力？这正是本章要探究的问题。

5.1 理论回顾和评价

5.1.1 理论回顾

连带关系强弱对创业机会识别的作用在理论上有两种看法。一种看法认为，强连带关系能够解决交易双方的疑惑（Krackhardt，1992），传递复杂信息（Hansen，1999），提高所传递信息的质量（Coleman，1990），传递一种创业精神（Western，1994），增加创业者毅力（Davidsson and Honig，2003），因此有利于机会识别。另一种看法是，弱连带关系具有数量和成本优势（Granovetter，1973），特别有利于新信息的扩散（Perry-Smith and Shalley，2003；Elfring and Hulsink，2003），从而有助于具有价值潜力的机会的识别。Burt（1992）在 Granovetter（1973）的“弱连带关系的力量”的提法基础上建立了结构洞理论。按照该理论，如果创业者处于结构洞位置并与多种不同类型的潜在当事人保持联系，那么他将拥有更加多样化和新奇的信息（Burt，2004），因此有可能识别出更多有价值的机会。

两种理论看法都有来自经验研究的支持。Davidsson 和 Honig（2003）研究发现，基于强连带关系的联结社会资本对新生创业者有很好的预测作用，而基于弱连带关系的桥接社会资本对快速而频繁的创业行为有很强的预测作用。Arenius 和 De Clercq（2005）的研究显示，网络内聚性（强连带关系）和机会识别的可能性负相关。Singh 等（2003）则证明弱连带关系数量显著正面影响了创业者所识别的机会数量。还有学者发现，不同的文化背景中，强弱连带关系对机会识别的影响方向相反：个人主义文化背景中，弱连带关系和机会识别正相关（Ma，2008）；集体主义文化背景中，强连带关系和机会识别正相关（Ma，2008；Bian，1997）。此外，Davidsson 和 Honig（2003）发现在创业早期阶段，强连带明显影响了新生创业者的毅力，使其继续创业行为。Hout 和 Rosen（2000）则证明父辈的自我雇佣和儿子的自我雇佣存在正相关关系。

5.1.2 研究评价

强弱连带关系对创业机会识别的影响的研究非常丰富，但以往的研究存在一些不足之处。第一，很少有人考虑在创业者发生较大的地域流动的情况下，流动前的弱连带关系对机会识别的影响。返乡农民工在打工地构建的弱连带关系网络，能否随着农民返乡跨越空间发挥其“弱连带关系的力量”（Granovetter，1973），这一问题还鲜有人涉及。第二，金融危机背景下农民工处境异常艰难，通过理性权衡，他们中的一部分人选择返乡创业，这意味着返乡农民工将在资源匮乏的情况下开始创业行为。那么，该情景下农民工的社会连带关系在创业机会识别中扮演什么角色，这也是过去研究没有涉及的问题。第三，以往研究大多直接考察连带关系和所识别机会数量或者识别机会的可能性的相关程度或者因果关系，而忽略了连带关系如何影响机会识别的内在机制。

5.2 连带关系在返乡农民工创业机会识别中的相对影响力大小

5.2.1 研究设计

1）数据采集

Singh 等（1999）在社会连带关系和机会识别的研究中，采用对已成立企业的创业者进行回顾式问卷调查收集数据。Ardichvili 等（2003）批评了使用这种做法来获得企业创业过程数据的做法，原因是：第一，促使人们创业成功的因素不一定是造成创业失败的因素；第二，回顾式调查容易产生记忆退化和后视偏差。因此，Ardichvili 等（2003）进行数据采集时，作出两点改进：一是数据采集对象既包括诞生中的创业者也包括非创业者；二是对数据采集对象作出跟踪调查。但是，金融危机背景下的农民工返乡创业，事先难以预料；同时，农民工从各个地方返乡创业，空间上存在巨大转移。这就决定了不可能采用跟踪调查方式，而只能通过事后访谈来获取数据。同时，本书的目的不在于揭示社会资本和机会识别数量和可能性的关系，而是重在找出农民工返乡前的外地弱连带关系和返乡后的本地强连带关系对创业机会识别的复杂影响机制，因此质性数据的获取非常重要。Mintzberg（1979）指出质性数据不会局限于有限的变量，从而可以处理更多的复杂关系。所以，本书将采用深度访谈以收集翔实的质性数据。

为了能够聚焦研究问题并保证一定的开放性，拟对返乡创业成功的农民进行半结构化的深度访谈。访谈提纲由四个问题构成：①放弃打工的原因是什么？②返乡后，跟打工认识的熟人有联系吗？打工认识的熟人对你选择这个行当有什么样的影响和帮助？③返乡后，亲戚朋友或者同学对你选择这个行当有什么影响和帮助？④打工时认识的熟人有没有教给你一些东西，这些东西对你选择这个行当是否有帮助？

问题①旨在获得返乡创业的情景数据；问题②和问题④旨在获得外地弱连带关系对机会识别直接作用和间接作用的数据；问题③旨在获得本地强连带关系对机会识别作用的数据。

为了尽量避免回顾式访谈所引起的记忆退化和后视偏差缺陷，同时也为了呈现金融危机冲击的时代背景，数据采集对象将是成立不到 2 年的企业[①]。访谈时间是 2009 年 6 月 13 ~ 15 日，所以企业成立时间要求在 2007 年 6 月 15 日之后。对合乎要求的访谈对象，调查者把访谈内容以录音形式保存下来，然后用文字原样呈现，形成原始质性数据。

2）研究方法

本书将采用扎根理论（grounded theory）（Glaser and Strauss，1967）方法来建构理论框架。扎根理论方法是一种扎根在质性数据中建构理论的方法。这种方法能够超越对研究对象的描述性研究，以获得更一般的解释性理论框架；可以揭示多种变量之间的复杂逻辑关系，从而使理论更加贴近真实世界。

本书在先验假设和文献述评的基础上进行理论抽样，然后通过半结构型访谈获得关于研究对象的质性数据，接下来对数据进行初始编码、轴心编码和选择编码，形成解释性理论框架。根据理论框架的饱和程度，决定是否需要进一步收集数据、重新编码，以补充被忽视的理论关系和修正不正确的理论关系。

5.2.2 理论抽样

1）调查地点的确定

为使得选择出的返乡农民工创业案例具有代表性，研究对象分别来自两个自然村，一个是湖北省黄梅县孔陇镇张塘村，另一个是湖北省阳新县枫林镇大桥村。之所以选取这两个村为调查地点，原因有三：第一，这两个村人均耕地少（张塘村人均耕地不足 1 分，大桥村人均耕地不足 0.7 亩[②]），在外打工的农民较多。截至 2008 年年底，张塘村农业人口约 1590 人，在外地打工人数约 350 人；大桥村农业人口约 3650 人，在外地打工的人数约 1000 人。因受金融危机冲击，返乡创业的农民工也比较多。第二，这两个村离镇子非常近，甚至就在镇上，农民所开的店铺比比皆是。第三，这两个村农民的平均收入存在较大差异，张塘村农民人均收入约 5500 元，大桥村农民人均收入约 3000 元，选择这样两个村可以使得研究的情景更为一般化。

2）样本的选择过程

调查者沿着村镇主干道对店主进行调查。在进行半结构型访谈之前，先对

---

① 此处“成立”时间不以进行工商注册登记的时间为标准，而是以创业者口头表述店面开张的时间为标准。此处的“企业”包括未进行工商注册的微型经营实体。农民所创立的微型经营实体如果达不到收税标准，事实上游离于工商税务部门管理之外。特别是自 2008 年 9 月 1 日起在全国统一停止征收个体工商户管理费后，很多新成立的微型经营实体是没有经过工商注册登记的。

② 1 亩约为 666.67 平方米，10 分地为 1 亩地。

受访者进行筛选型面试（screening interview）。筛选的问题是：①是否是农民；②创业前是否在外地（外县即可）打工；③何时开店。只有对前两个问题回答“是”，且对第三个问题的回答在 2007 年 6 月 15 日之后的受访者才是进一步接受半结构型访谈的对象。经过上面的选择过程，两个村一共选取了 14 位返乡农民工创业者，有关基本信息如表 5-1 所示。本书从 6 位张塘村的农村微型企业创业者中随机选取 3 位（编号分别是 1、3、4），从 8 位大桥村的农村微型企业创业者中随机选取 4 位（编号分别是 8、10、13、14），共 7 位作为模型构建使用，剩下的 7 位作为模型检验使用。样本创业者基本信息，如表 5-1 所示。

表 5-1　样本创业者基本信息

村别	编号	经营形式	性别	年龄	企业已成立时间/年	经营内容	用途
张塘村	1	夫妻店	男	40	2	开出租	建模
	2	夫妻店	男	32	2	电动摩托车修理	检验
	3	夫妻店	男	30	1.5	五金水暖	建模
	4	单干	男	26	1.5	电视机修理	建模
	5	夫妻店	男	36	0.25	日杂	检验
	6	夫妻店	男	38	0.25	农药	检验
大桥村	7	夫妻店	男	26	1	副食	检验
	8	夫妻店	男	30	1	副食	建模
	9	单干	女	24	0.5	裁缝	检验
	10	夫妻店	女	28	1.5	汽车修理	建模
	11	单干	女	31	0.25	餐饮	检验
	12	夫妻店	男	28	0.5	五金水暖	检验
	13	夫妻店	男	34	0.5	五金水暖	建模
	14	夫妻店	男	42	0.75	日杂	建模

5.2.3　初始编码（initial coding）

对文字数据审阅之后，发现受访者回答时会涉及一些与问题无关的内容。为了聚焦所研究的问题，本书先把受访者与问题无关的陈述删除（由两位研究人员确认无关），仅保留与问题有关的回答。然后对 14 个创业者的访谈数据进行编码，其中 7 位用于建模，7 位用于检验。初始编码的编号所包含的顺序是：受访者编号—访谈的问题编号—回答内容的句子顺序，如编码3-3-2表示编号为3的创业者对第3个问题（返乡后，亲戚朋友或者同学对你选择这个行当有什么影响和帮助?）的回答中的第2句话。对初始编码内容进行整理分析之后，得到18个频繁出现的初始代码，见表5-2。

表5-2　初始代码及内容

编号	初始代码	代码所含内容
1	事件	引发农民返乡创业的情景变量：企业裁员、企业倒闭、在外面赚不到钱、工作难找、外面生活成本越来越高、打工生活过于辛苦、照顾家庭等
2	本地强连带关系	创业者在本地的亲戚、朋友、同学
3	外地弱连带关系	创业者在打工地认识的熟人
4	打工认识的人资源贫乏	打工认识的人不能带来好的咨询意见和建议、不具有更高的能力、不能提供赚钱的信息
5	打工认识的人具有地域局限性	打工认识的人即使是有价值的，返乡后，由于时空限制，不能及时提供赚钱的信息，也不能作为进货或者销售渠道
6	不信任打工认识的人	打工认识的人在不断流动，创业者返乡前也在不断流动，创业者和打工认识的熟人缺乏交流，彼此不太信任，创业者遇事不与打工认识的人商量
7	外地弱连带关系断裂	返乡创业者与打工认识的人不再联系
8	传授社会经验	传授与人交往的一般经验
9	传授管理经验	传授有关企业采购、生产、销售、人事等方面的管理经验
10	传授创业行业技术	传授与创业者创业内容的内相关的技术
11	传授非创业行业技术	传授与创业者创业内容的内无关的技术
12	干中学	创业者在打工期间，受外地弱连带关系潜移默化的影响，并充分发挥自身主动性，边干边总结各种经验，包括社会经验、管理经验、创业行业技术和非创业行业技术
13	展示商业模版	向创业者展示已有的商业模式和经营内容，也就是传递一种格式化的商业信息
14	承诺（或隐性承诺）提供生产要素	承诺向创业者借钱、只收取低廉场地租金、提供经营场所、向创业者传授创业行业技术、向日后企业经营提供创业行业技术服务、向日后企业经营提供劳力
15	承诺（或隐性承诺）提供市场要素	承诺向创业者提供进货渠道和成为销售对象
16	提供情感支持	向创业者口头表示支持其创业行为、允许创业失败、愿意承担更多家务劳动

续表

编号	初始代码	代码所含内容
17	承诺（或隐性承诺）提供合法性保护	承诺向创业者提供合理甚至优惠的税费征收、承诺会参与临时冲突解决
18	机会识别	决定建立一个有特定经营内容的经济组织

5.2.4 轴心编码（axial coding）

为了形成更具综合性、抽象性和概念性的编码，本书在初始编码基础上进行轴心编码。轴心编码有两个作用，一是把更大的概念类属的维度具体化；二是建立类属之间的联系（Strauss and Corbin，1998）。经过反复分析，本书把初始编码中的“打工认识的人资源贫乏”“打工认识的人具有地域局限性”“不信任打工认识的人”作为三个亚类属归并在“消极态度”概念类属之下；把“传授社会经验”“传授管理经验”“传授创业行业技术”“干中学”作为四个亚类属放在“赋予创业人力资本”概念类属之下；把“承诺（或隐性承诺）提供生产要素”“承诺（或隐性承诺）提供市场要素”“承诺（或隐性承诺）提供合法性保护”“提供情感支持”作为四个亚类属放在“承诺提供开发商业概念的要件”概念类属之下；而“传授非创业行业技术”和“本地弱连带关系”不在本书的研究视野，则剔除不予考虑，最终提炼出九个概念类属，见表5-3。

表5-3　主要概念类属及概念内容

编号	概念类属	概念内容
1	事件	引发农民返乡创业的情景变量：企业裁员、企业倒闭、在外面赚不到钱、工作难找、外面生活成本越来越高、打工生活过于辛苦等
2	本地强连带关系	创业者在本地的亲戚、朋友、同学
3	外地弱连带关系	创业者在打工地认识的熟人
4	消极态度	创业者对外地弱连带的消极看法，如“打工认识的人资源贫乏”“打工认识的人具有地域局限性”“不信任打工认识的人”
5	外地弱连带关系断裂	创业者不与打工认识的熟人保持联系

续表

编号	概念类属	概念内容
6	赋予创业人力资本	和创业者当前创业密切相关的人力资本，包括“社会经验”“管理经验”“创业行业技术”
7	展示商业模版	向创业者展示已有的商业模式和经营内容，也就是传递一种格式化的商业信息
8	承诺提供商业概念开发要件	承诺向创业者提供开发商业概念所需的生产要素（如资金、技术、劳动力）、市场要素（进货渠道和销货渠道）、情感支持和合法性保护等
9	机会识别	决定形成一个有特定经营内容的经济组织

通过分析，笔者发现这九个概念类属之间存在因果关系和逻辑顺序（附录1）。本书将这些因果关系和逻辑顺序进行归类，可以形成下面四个大类的关系，如表5-4所示。

表5-4　基于轴心编码的四大类关系

编号	关系类别	影响关系的概念（对应编码）	关系的内涵
1	机会识别的情景	事件（4-1-1～5，3-1-1～3，1-1-1～12）、机会识别（4-1-6，3-1-4～6，1-1-12～13）	农民工在遭遇企业裁员、企业倒闭、在外面赚不到钱、工作难找、外面生活成本越来越高、打工生活过于辛苦等系列“事件”情况下才返乡创业。因此“机会识别”过程中的资源拼凑性必然特别突出；也预示着返乡农民工创业层次较低，模仿型创业的可能性较大
2	外地弱连带关系的断裂的产生	消极态度（3-4-2，4-4-3～4，8-2-1～4）、外地弱连带断裂（1-4-1，3-4-1，8-2-5）	返乡创业农民工对外地弱连带关系持“消极态度”。他们认为外面认识的人和自己身份相同或相近，能够给予的资源有限；认为由于受地域限制，外地弱连带关系不太可能为创业企业提供销售渠道和进货渠道；认为外地弱连带关系上的联系人频繁流动，彼此之间难以建立信任，因此，维持外地弱连带关系不必要。此种“消极态度”导致“外地弱连带关系的断裂”

续表

编号	关系类别	影响关系的概念（对应编码）	关系的内涵
3	外地弱连带关系对机会识别的影响	外地弱连带关系（1-4-1，3-4-1，4-4-1～2，13-4-1）、赋予创业人力资本（1-4-2～3，1-4-6～7，3-4-2，3-4-3～5，3-4-7～8，4-4-3，4-4-4～6，4-4-7～8，13-4-2～3，13-4-6，13-4-7）、机会识别（1-4-10～11，3-4-6，13-4-5）	一方面，"外地弱连带关系"直接教给农民工"创业人力资本"；另一方面，"外地弱连带关系"间接向农民工传授"创业人力资本"，即农民工通过和"外地弱连带关系"的互动，边干边学，形成社会经验、管理经验、创业行业技术等。"创业人力资本"提高了创业者的能力，有助于创业"机会识别"
4	本地强连带对机会识别的影响	本地强连带关系（1-4-1，10-4-1，10-4-7，13-4-1，13-4-7～9）、展示商业模版（1-4-3～8，13-4-2）、承诺提供商业概念开发要件（3-4-2，3-4-4～6，3-4-12～15，4-4-1，4-4-2～3，10-4-2～5，10-4-6，10-4-8～10，13-4-4～6，14-4-3～4）、赋予创业人力资本（1-4-9～11）、机会识别（1-4-2，3-4-16～17，13-4-3）	首先，"本地强连带关系"向创业者"展示商业模版"，该模版具有强烈的成功示范作用，吸引创业者选择该模版进行创业。更为重要的是，"本地强连带关系"、"承诺提供商业概念开发要件"，包括生产要素（如资金、技术、劳动力）、市场要素（进货渠道和销货渠道）以及情感支持、合法性保护等。正是因为有了这些"商业概念开发要件"的承诺，资源并不丰富的返乡农民工才会识别出与商业概念相对应的特定的商业机会。另外，"本地强连带关系"还会直接教给创业者"创业人力资本"，以方便"机会识别"

5.2.5 选择编码（selective coding）

本章旨在分析金融危机背景下，打工地的弱连带关系（外地弱连带关系）和返乡后的本地强连带关系对返乡农民工创业机会识别哪个作用更大？本书认为研究的核心问题可以概念化为"强弱连带关系在返乡农民工创业机会识别中的相对影响力"，下面用图5-1来呈现该核心概念对其他概念的统驭结构。

如图5-1所示，"连带关系在返乡农民工创业机会识别中的相对影响力"这一核心概念的内部结构所呈现的概念关系与前面提出的假设是有出入的。第一，外地弱连带关系并没有为返乡创业农民带去有价值的异质新信息，从而使返乡农民工启动一个有创新性的事业。外地弱连带关系为返乡农民工提供的资源主要以沉淀在农民身上的创业人力资本方式呈现。第二，本地强连带关系也没有为返乡创业农民带来异质新信息，但它能够为返乡创业农民带来一种格式化的信息，即提供一种现存的、比较成功的商业模版以供参考。第三，本地强连带关系也可以向返乡农民工传授创业人力资本。第四，本地强连带关系最重要的贡献在于，它向返乡创业农民工承诺提供开发商业概念的要件，而这正是影响创业者识别出与特定商业概念相对应的机会的关键所在。第五，较之于外地弱连带关系，本地强连带关系在返乡农民工创业机会识别中具有更大影响力。

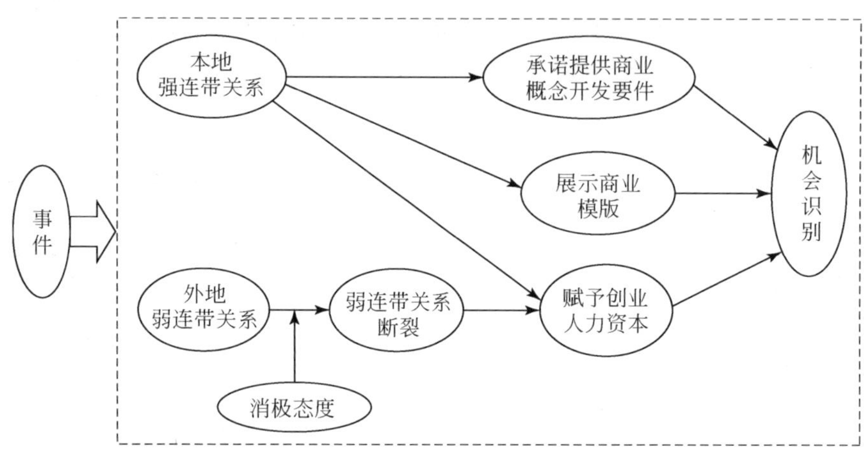

图 5-1　连带关系在返乡农民创业机会识别中的相对影响力

5.2.6　理论饱和度检验

为了检验理论模型的饱和度，本书对剩下 7 位返乡创业农民工的数据依次作出初始编码、轴心编码和选择编码，编码过程中没有发现频繁出现的新概念类属，类属之间也没有产生新关系，因此，上述理论模型是饱和的。

5.3　外地弱连带关系断裂原因分析

“连带关系在返乡农民工创业机会识别中的相对影响力”理论模型能很好地反映外地弱连带关系和本地强连带关系对返乡农民工机会识别的作用机制及作用大小，但是该模型并不能回答一个关键问题，即外地弱连带关系为什么会断裂？经过理论分析，本书认为断裂的原因涉及社会资源、不信任和地域局限三方面。

5.3.1 社会资源和弱连带关系断裂

弱连带关系对创业者的帮助主要在于它能带来新信息（Burt，1992）。社会资源是“连带的物质质量”（Uzzi，1996），它并非均匀分布于社会之中，而是根据人们社会地位的高低呈现金字塔状分布（Lin and Dumin，1986）。处于社会顶端的少数人掌握了大部分资源，而处于金字塔低端的多数人只掌握了小部分资源。农民外出打工大多从事简单体力劳动，所认识的人以社会底层人士为主，弱连带关系上的社会资源非常有限。而社会资源的多少影响信息的质量（Yli-Renko et al.，2001；Lin，2001；Peng and Luo，2000）。张玉利等（2008）也证明网络资源与机会创新性存在显著的正相关关系。所以，普遍而言，外地弱连带关系因资源贫乏而不能传递有较大利润潜力的新信息，从而导致弱连带关系的断裂。

5.3.2 不信任和弱连带关系断裂

信任可以增强资源川流的质量（Larson，1992），提高信息交换的深度和丰富性（Lorenzoni and Lipparini，1999；Hite，2000）。但是，农民工很难与打工地认识的人建立起信任。信任产生的前提有二：一个人的期望和另一个人的责任（Coleman，1990）。打工者本人和其打工地认识的熟人的流动性或者预期的流动性极大。如果弱连带关系本身也存在“差序格局”（费孝通，1998），那么在频繁流动中建立的外地弱连带关系应该属于一种非常弱的弱连带关系，这种“弱”的程度难以产生彼此间稳定的期望和责任关系。也就是说，农民工对其打工地认识的熟人普遍不存在信任感。这种不信任感随农民工返乡而加剧，最终导致弱连带关系断裂。

5.3.3 地域局限和弱连带关系断裂

空间位移会阻碍社会资本的流动（Kan，2007）。即使外地弱连带关系上具有丰富的社会资源，同时农民工与弱连带关系也建立了一定程度的信任，但伴随农民工返乡的巨大空间位移也制约了弱连带关系的作用发挥。例如，受访者提到“我不可能把货销到他那儿”、“我不可能从那么远的地方进货”就是证明。

5.4 贡献和启示

本章以湖北省两个自然村的14位返乡创业农民工的深度访谈数据为基础，运用扎根理论方法，构建出“连带关系在返乡农民创业机会识别中的相对影响力”理论模型，得出本地强连带关系更具影响力的基本判断，并运用“社会资源”和“信任”等社会学的重要概念对外地弱连带关系断裂作出深层分析。本书的研究丰富了基于社会资本的创业研究文献，理论贡献主要体现在：第一，探究了社会资本的不同维度对返乡农民工创业机会识别的相对影响，从理论上呼应了Granovetter（1985）的“不同类型的嵌入对个人经济行为有不同的影响”的看法。第二，深化了机会识别中关于弱连带关系传播信息的认识，以往研究认为弱连带关系特别有利于新信息的扩散，从而有助于创业者对具有价值潜力的机会的识别。以往研究并没有考虑当事人发生空间位移和弱连带关系上资源极度贫乏时，弱连带关系在传递信息上的作用。第三，在返乡农民工身上，再次证明了的“社会资本创造人力资本”（Coleman，1990）的提法。第四，用“社会资源”和“信任”等社会资本理论中的重要概念对返乡农民工的弱连带关系断裂现象作出深度剖析。第五，从一定程度上回答了什么是金融危机背景下和被动返乡情景下返乡农民工利用社会资本创业的一般模式，这也是学术界十分关心的问题。

对返乡农民工来说，本章具有以下指导意义：第一，返乡农民工应该意识到，其返乡创业是在资源非常匮乏的条件下发生的，拼凑性极强，所以要充分发挥其社会资本作用。第二，返乡创业农民工应该有意识地培植基于个人行为目的的社会资本。第三，返乡农民工应该有意识地利用外地弱连带关系积累创业人力资本，为日后自谋生路做好准备。此外，本章对政府政策有特别的指导意义：当前的现实是，返乡创业农民工较少从外地弱连带关系和本地强连带关系中获取新信息，同时本地强连带关系能提供的创业资源有限，因此返乡农民创业的整体水平不高。鉴于此，政府应该主动构建当地集体层面的社会资本，通过小额信贷、创业咨询、技术服务、同乡会等形式，让集体社会资本在传递信息和提供资源摄取方面发挥积极作用，以弥补个人社会资本的不足，提高农民工创业的创新水平。

第6章 农村微型企业创业者社会资本的动态发展趋势及原因

强连带关系和弱连带关系，哪个更有价值？是社会网络的封闭性、社会资本的关键之源更有价值（Coleman，1990），还是充满结构洞的松散网络更有价值（Burt，1992）？这类问题并没有一成不变的答案。一种给定社会资本形式的最终价值受行动者工作需要的影响。如果把企业看成一个组织意义上的行动者，正确的答案取决于哪一种社会资本带来的好处对企业更重要。只有实现企业社会资本和企业不断变化的资源需求的动态匹配，才能成就企业的绩效（Hite and Hesterly，2001）。进一步说，社会资本具有权变的价值（Ahuja，2000），理想的企业绩效来自于企业的战略姿态和其内部与外部连带构型的匹配（Stam and Elfring，2008）。不同的社会资本形式为企业提供了不同的资源摄取，而企业真正需要什么样的资源取决于企业当下的目标。Krackhardt 和 Hanson（1993）以及 Adler 和 Kwon（2002）都认为，社会资本的特点和企业目标的匹配是理解社会资本价值创造的关键。

农村微型企业是由农民创建的，地处农村，以自我雇佣为基础，以家庭经营为主，雇员不超过9人，企业绩效和家庭福利息息相关的经济组织（黄洁等，2010）。受创业者资源禀赋和市场条件的制约，农村微型企业的目标与一般初创企业的目标有着明显差异。受先天制约，多数农村微型企业“长不大”，它们存在的最主要的功能是为农村微型企业创业者增加收入和解决生计问题。农村微型企业创业者利用初始社会资本成功进行机会识别和企业创建之后，下一步主要面临企业的生存挑战。对农村微型企业而言，其首要目标是“求生存”，并且该目标具有长期性。

为了农村微型企业的生存，适应变化的资源需求，农村微型企业创业者的初始社会资本将随之动态发展。把握这一阶段农村微型企业创业者的社会资本的动态发展趋势以及背后的原因，对深刻理解创业者社会资本服务于农村微型企业生存需要的内在机理具有重要的理论意义，同时对指导农村微型企业创业者主动培育社会资本以提高企业生存率具有重要的现实意义。本章将使用探索性的案例研究方法，努力找出为了农村微型企业的生存，创业者社会资本动态发展的主要趋势以及背后的原因。

6.1 理论背景

在企业成长的不同阶段，其组织目标是不同的，因此，企业的社会资本也呈现出不同的特点。对此，国内外学者已经开展过成果丰富的研究。

Larson（1992）在研究创业背景下组织间网络结构的演化时发现，交易的社会维度是解释交换中控制和合作关系的关键。他把一个组织间网络的动态发展分为三个阶段：形成交换的先决条件阶段、培养条件以巩固关系阶段以及网络整合和控制阶段。在第一个阶段，已有的个人关系和声誉降低了交易的不确定性，从而使相关各方建立起能够加强早期组织间合作的期望；在第二个阶段，信任不断增加，互惠规范不断演化，于是产生了网络对新兴交换结构的控制；在第三个阶段，在道义责任、信任和声誉的约束下，组织间将达成有效的控制和合作。可见，声誉、信任、互惠和相互依赖等社会资本分别在组织间网络的不同发展阶段扮演着重要角色。

Hite 和 Hesterly（2001）把企业诞生之初所拥有的网络称为“身份基础网络”，该网络具有三个特点：以社会嵌入连带为主、网络的内聚性强以及企业对网络的路径依赖。当企业进入早期成长阶段时，他们将此时企业所拥有的网络称为“算计性网络”，它更多的是基于经济成本和收益的考虑而建立起来的，这种网络也具有三个特点：社会嵌入连带关系和保持距离的连带关系（arm's-length ties）之间的平衡、网络充满结构洞以及企业对网络的主动管理。

Maurer 和 Ebers（2006）基于六个新成立生物企业的比较性纵向案例分析，揭示了初创企业的社会资本结构及其变化如何影响其绩效。他们发现，在这些初创企业的创立和早期发展阶段，其网络具有内聚性和封闭性的特点，即网络伙伴有着同样的专业身份。但是，他们发现，四年之后，没有获得成功的企业只是继续重视和关注它们与科学社团的关系，其社会资本基本上没有发生变化；获得成功的企业则不仅保留着与科学社团的关系，而且从结构、关系和认知三个维度对社会资本进行了管理和重构，从而形成了以网络差异化为特征的社会资本构型。

Smith 和 Lohrke（2008）认为，初创企业经历了三个阶段连带关系的演化。第一个阶段是“个人之间的社会交换”。在这一阶段，创业者基于在商业背景之中或之外的交易历史，决定谁将获得相对的信任。创业者会筛选出第一个圈子，它主要由能够信任的强连带关系组成。第二个阶段是“双方社会经济交换”。创业者会在这一阶段积极主动地拓展其网络，形成第二个圈子（如银行家、律师和会计师），其连带关系数量不断增加。此时，网络结构的特点是弱连带关系不断增加。这些弱连带关系在提供非冗余信息方面要强于强连带关系，如提供最有效的经济支持和市场出路。第三个阶段是“组织间的交换”。在这一阶段，创业者同主要企业之间的连带关系不再仅仅是个人之间的，交换过程也不必和个人联系在一起，此时，组织之间会形成追求经济利益的、机构水平上的交换圈。交换圈中不断重复上演交换行为。圈中的连带关系通过形成资源提供者、事业发起人、市场开拓者和声誉强化者而支持着初创企业的行为，而此时的网络结构的特点是：由数量很多的弱连带关系而非强连带关系组成。

在国内，乐国林等（2006）认为，家族企业社会资本结构的变迁与家族企业的成长之间存在着映射关系。创业时，血缘型社会资本是家族企业成功创建的决定性因素之一。而随着企业步入成长阶段，血缘型社会资本在社会资本结构中的统治地位有所削弱，企业重点转移到友缘型、业缘型社会资本的建构上。孟韬和史达（2006）研究了产业集群的社会资本的变迁轨迹。他们发现，在产业集群中，存在着人际信任、计算型信任向包括制度信任、契约信任、过程型信任等诸多类型的信任体系的转变。总体上看，国内对于社会资本特点和企业目标匹配性的研究还比较缺乏。

综合国外学者的研究，不难看出，他们的研究结论具有相通之处。企业在创立之时或创立早期，其社会资本的特点是内聚、封闭、以强连带关系为主。当企业进入早期成长阶段时，其社会资本变得开放、发散、以弱连带关系为主。这种变化背后的原因是，开放、发散、以弱连带关系为主的社会资本能避免机会主义，达成有效的组织间的控制和协作（Larson，1992）；能在结构洞之间架起桥梁（Hite and Hesterly，2001）；能突破关系锁定和认知锁定（Maurer and Ebers，2006）；能提供非冗余信息和多种资源（Smith and Lohrke，2008）。此外，这些国外学者研究内容的背后有一个共同的隐含前提，那就是：随着企业的成长，企业目标一般会由“求生存”过渡到“求发展”，于是，企业社会资本的特点随之发生了变化。

中国大多数农村微型企业的目标是“求生存”，并且该目标具有长期性。农村微型企业目标定位的低端性和这一目标持续时间的长期性可能使其社会资本具有自身的独特的发展趋势。农村微型企业的社会资本有着怎样的发展趋势？这种趋势背后的原因是什么？目前相关的理论分析和实证研究都比较少。因此，本书试图借助探索性案例研究方法，探究农村微型企业在“求生存”

的企业目标下，创业者社会资本动态发展的主要趋势以及背后的原因。

为了满足“求生存”的企业目标，农村微型企业创业者会积极主动地培养和改造其商业网络。商业网络嵌入是农村微型企业创业者与其商业网络中的亲戚、朋友和熟人通过历史交易互动形成的网络结构和关系，是农村微型企业创业者基于“求生存”的企业目标而构建起来的社会资本。“嵌入”是指在现代工业社会中，经济行为镶嵌于社会关系结构中的程度（Granovetter，1985）。为了深入探究农村微型企业在“求生存”的企业目标下，创业者社会资本动态发展的主要趋势以及背后的原因。本书根据 Nahapiet 和 Ghoshal（1998）、Granovetter（1992）对社会资本维度的划分，把农村微型企业创业者的商业网络嵌入分为两个维度——结构嵌入和关系嵌入，然后试图从这两个维度出发，通过案例研究来提炼相关理论观点。

6.2 研究方法

案例研究是一种实证研究方法，它特别适用于三种情景：需要回答“怎么样”、“为什么”的问题；研究者几乎无法对研究对象进行控制的问题；关注的重心是当前现实生活中的实际问题（Yin，2003）。而本书的研究问题——处于生存阶段的农村微型企业背景下，农村微型企业创业者社会资本的动态发展趋势及原因，正符合这样的情景。案例研究可分为解释性、描述性和探索性三种（Yin，2003）。其中，探索性案例研究主要适用于可供获取的研究文献无法提供合适的理论框架的情形。本书的研究对象——农村微型企业，是被主流管理学所忽视的一类企业，相关理论研究文献极少，因此选择了探索性案例研究方法。Eisenhardt 和 Graebner（2007）也指出，有两种不同的案例分析路径，即现象驱动型（phenomenon-driven research）和理论驱动型（theory-driven research）。现象驱动型就是在缺乏具有可行性的理论的情况下，基于现象构建理论。

Pennings 等（1998）以及 Tsai 和 Ghoshal（1998）把企业的社会资本看成企业成员社会资本的总体。由于农村微型企业非常微小，因此企业的社会资本基本上可以认为是农村微型企业创业者的社会资本，农村微型企业创业者的社会资本的动态发展基本上等同于农村微型企业社会资本的动态发展。所以，本书研究的主要分析单位的是农村微型企业创业者。

6.2.1 案例选择

多案例研究就像做了多个实验，这种设计能对相同的逻辑过程进行重复，每个案例都可以验证从其他案例得出的结论（Yin，2003；Eisenhardt，1989）。为了保证外在效度（external validity）本书决定采用多案例研究。

理论抽样的地点定为湖北省黄梅县孔陇镇张塘村。原因是，第一，张塘村人均耕地不足1分，有很大一部分农民需要通过创业的形式改善生活；第二，张塘村正位于孔陇镇，农民创业的小环境相对比较好，农民开设的店铺比比皆是，便于进行理论抽样；第三，张塘村农民人均收入约5500元，处于全国中游水平，能较好地代表中等农村经济发展水平。通过理论抽样，共选择了14个案例企业。这14个案例企业都是“求生存”的农村微型企业。

6.2.2 数据收集

在正式调查之间，先进行筛选型面试，筛选的问题是：①是否是农民？②自身是否参与做工？③雇员有多少？只有对第一个问题回答“是”、对第二个问题回答“参与”、对第三个问题回答“不超过9人”的受访者，才是进一步接受半结构型访谈的对象。为了掌握农村微型企业创业者社会资本的特点，课题组设计了带有理论聚焦性质的开放式问题进行深度访谈。为了掌握农村微型企业创业者社会资本动态发展的趋势和原因，设计了带有理论聚焦性质的开放式问题进行深度访谈。拟从三个方面去收集数据：①强连带关系是否增加，为什么；②弱连带关系是否增加，为什么；③是否需要建立关系信任以及建立原因。为此，第一次访谈时间是2010年8月18日，持续时间为10小时。2010年8月24日，又进行了第二次访谈，访谈时间持续8小时，两次访谈共计18小时。第二次访谈起到补充和核对作用。为了提升案例研究的建构效度（construct validity），在第二次访谈结束后，要求被调查者对单个案例研究报告的草案进行检查和核实。每次访谈都有两位研究人员参加并录音，以保证研究的信度（reliability）（Eisenhardt，1989）。14个案例企业的基本信息列示在表6-1中。

表6-1 14个案例企业的基本信息

编号	年龄	性别	企业年龄	经营内容
1	40	女	4	电动车、三轮车销售以及维修
2	31	男	8	木料和板材
3	45	女	7	渔具
4	25	男	3	计算机销售及修理
5	37	男	5	石材与厨具

续表

编号	年龄	性别	企业年龄	经营内容
6	53	男	8	铝材加工
7	27	男	7	电机修理
8	47	女	7	理发
9	31	男	4	铝材加工和水暖
10	42	男	3	酿酒
11	63	男	8	香烛、鞭炮
12	54	女	7	杂货
13	29	女	1	鲜花、婚庆
14	45	男	4	纺织品与地板

6.2.3 数据分析

数据分析分三步进行。针对访谈数据，首先对单个案例的数据进行分析，找出个案发现；其次将单个的案例发现进行综合，形成一般发现；最后基于一般发现进行理论模型的构建。同时，在进行个案分析时，采取的方法是，按提出的开放式问题对被调查者的回答进行汇总，以表格的形式列示出关键的、有着不同含义的答案，然后根据答案本身或其隐含意义找出个案发现，完成一次理论提升。形成一般发现时，采取的方法是，对个案发现进行归类，找出原因和结果之间的内在逻辑，完成第二次理论提升。每次理论提升至少有两个人参与，一个人负责首次分析，另一个人负责确认分析发现，如存在意见不统一的情况，则重复分析提炼程序，以至于最终形成一致意见。在整个分析过程中，大量使用被调查者的原话，以形成对某个问题的生动描述。

6.3 数据发现和理论模型构建

为了掌握农村微型企业创业者社会资本的动态发展趋势及原因，本书以5个开放式问题进行了深度访谈。这5个问题列示如下。①从店面创建开始到现在，都建立了哪些对店面来说非常重要的新关系？②有无必要投入较多时间、金钱，建立来往特别密切、感情亲密的关系，为什么？③为了店面的生存，有必要花费不太多的时间和精力，多认识些熟人吗，为什么？④需要和客户建立某种信任吗，为什么？⑤需要和供应商建立某种信任吗，为什么？

其中，问题①和问题②旨在了解强连带关系发展趋势及原因，问题③旨在了解弱连带关系发展趋势及原因，问题③旨在了解关系信任发展趋势及原因。以被调查者对问题的回答材料为基础，通过数据分析，本书获得了对农村微型企业创业者社会资本发展趋势和背后原因的规律性认识。

6.3.1 农村微型企业创业者的强连带关系的动态发展趋势及原因

表6-2简要列示出被调查者对问题①、问题②的关键回答以及本书基于关键回答得出的个案发现。

表6-2 对问题①、问题②的关键回答及个案发现

编号	对问题①的回答	对问题②的回答	个案发现
1	都是一般关系	没必要； 关系建立得再好，也只能卖出一部	客户是农民个体，个体对耐用品的消费有限，跟农民个体建立强连带关系不能带来销售增加，企业生存依赖农民群体
2	一旦建立关系以后，就是比较固定的合作关系	有这个想法； 做我们这种手艺的一般在家的比较少，合作也不够频繁，不像做批发，天天是几个“现客户”（老客户的意思）	跟处于结构洞位置的人建立了固定关系
3	我总是跟私人打交道，不跟集体打交道； 我这个小店面，不需要许多人的维护，因此不需要建立很多关系	我做的是个老实生意，也不去拉客户	利润微薄，企业生存依赖农民群体； 从成本收益角度考虑，不会和客户建立强连带关系
4	没有建立任何关系	投入成本太大，没有价值； 拉关系没意义，只要做到对每一个客户价格公道就可以了	和供应商仅仅是一种市场关系； 从成本收益考虑，不会和客户建立强连带关系； 客户是农民个体，个体对耐用品的消费有限，跟农民个体建立强连带关系不能带来销售量的增加

续表

编号	对问题①的回答	对问题②的回答	个案发现
5	简单的合作关系； 有时候也会借助朋友关系	很难搞到关系	强连带关系难以建立，耗费过多资金；强连带关系的建立受既有关系制约
6	没有建立关系； 没有重要的关系		和供应商仅仅是一种市场关系； 利润微薄，企业生存依赖农民群体
7	随着生意慢慢做大，关系也在发展； 我们都是跟企业做生意，不是针对个人	存在强连带关系； 不会投入太高资金	销售对象是相对固定的企业，有必要建立强连带关系； 强连带关系的建立受到资源限制
8	曾经借助过亲属关系	没有必要	并没有建立新的强连带； 利润微薄，企业生存依赖农民群体
9	关系对店面的生存没有重大影响； 关系不紧密	主动和镇上行政部门建立关系； 不会是刻意地耗费精力和金钱去拉关系联络生意，得不偿失	客户是农民个体，个体对耐用品的消费有限，跟客户建立强连带关系不能带来销售增加。企业生存依赖农民群体； 有必要和政府人员建立好一点的关系，这种关系有互惠交换，但是没有感情投入，不算是强连带关系； 从成本收益考虑，不会和客户建立强连带关系
10	关系不重要	没有； 我老婆可以养鸡，我没有事的时候可以装水电	利润微薄，企业生存依赖农民群体； 创业带有兼业性质，生存策略多样化
11	我离开了农民群体，就不能生存	没必要	利润微薄，企业生存依赖农民群体
12	没有，我是在这儿土生土长的农民	没这个想法，没有钱	利润微薄，企业生存依赖农民群体 强连带关系的建立受到资源限制

续表

编号	对问题①的回答	对问题②的回答	个案发现
13	这个问题很难回答，我们认识的人比较多，都是一般的私人关系	我的店面仅够生存，没有精力，也没有金钱往那个方面投资	利润微薄，企业生存依赖农民群体； 强连带关系的建立受到资源限制
14	没有	对我们搞家装的来说，搞关系没有太大意义	客户是农民个体，个体对耐用品的消费有限，跟农民个体建立强连带关系不能带来销售增加。企业生存依赖农民群体； 愿意跟处于结构洞位置的人建立固定关系

综合个案发现，可以得出两个更一般的发现。第一，被调查者普遍不倾向于建立强连带关系。第二，少数被调查者认为可以投入一定的资源建立强连带关系。

对于第一个发现——被调查者普遍不倾向于建立强连带关系，综合被调查者的回答，有下面几个原因。原因之一，农村微型企业的生存依赖的是农民群体而非某个个体或企业，权衡成本和收益，创业者不会和客户建立强连带关系。商业性农村微型企业在农村微型企业中占比较大，其销售的商品或服务大致可以划分为两大类：一类是耐用消费品，如家装建材、计算机等；另一类是日常用品，如副食、杂货、理发等。对销售第一类商品的农村微型企业来说，由于农民个体对耐用消费品的消费周期较长，创业者跟个体客户建立强连带不能有效增加销售，所以创业者不会热衷于建立强连带关系。而对于销售第二类产品的农村微型企业来说，产品或服务的利润微薄，企业更是不可能依赖某个客户而生存。总之，农村微型企业的生存依赖农民群体，农村微型企业创业者的理性决策是不和客户建立强连带关系。农村微型企业创业者不倾向于建立强连带关系的另一个原因是，创业者认为不需要和供应商建立强连带关系。被调查者普遍反映进货渠道的选择空间大，和供应商的关系更多的是一种市场关系，而非强连带关系。原因之三是，强连带关系的建立受既有关系（如血缘、学缘和业缘等）制约，当前的努力难以突破这一制约。有创业者（第 5 位）表示想和政府人员建立强连带关系，但是很难。此外，还有一个次要原因，那就是农村微型企业创业带有兼业性质，农村微型企业创业者有着除创业之外的生存方式，因此，缺乏建立强连带关系的动力。

对于第二个发现——少数被调查者认为可以投入一定的资源建立强连带关

系，持这种认识的被调查者又有两种情况。第一种情况是，农村微型企业的客户有明显的不同于一般企业的特点，其服务对象主要是企业，而非个人。在大多数农村微型企业都是面向农民个体而非企业的情况下，这种情况属于非常特殊一类。例如，编号为7的被调查者认为，有必要投入较多时间、金钱，和客户建立来往特别密切、感情亲密的关系，这位创业者的经营内容是电机维修，其服务对象主要是企业。而该个案的存在，实则从反面证明了农村微型企业对农民群体的依赖性，的确是造成其不选择建立强连带关系的重要原因。同时，该受访者也表示，不会为了做成一单生意，投入太高成本。可见，一旦强连带建立之后，创业者并没有继续投入大量资源，而是通过提高服务质量巩固关系。第二种情况是创业者愿意与处于结构洞位置的个人建立强连带关系，目的是获得更多交易机会。例如，编号为3的被调查者认为，自己做的是个老实生意，也不去拉客户而农村市场小、资源少、商机有限的现实，又抑制了创业者想与处于结构洞位置的人建立强连带关系的动机。

基于以上两个更为一般性的发现，农村微型企业创业者强连带关系的动态发展理论模型可以通过图6-1来反映。

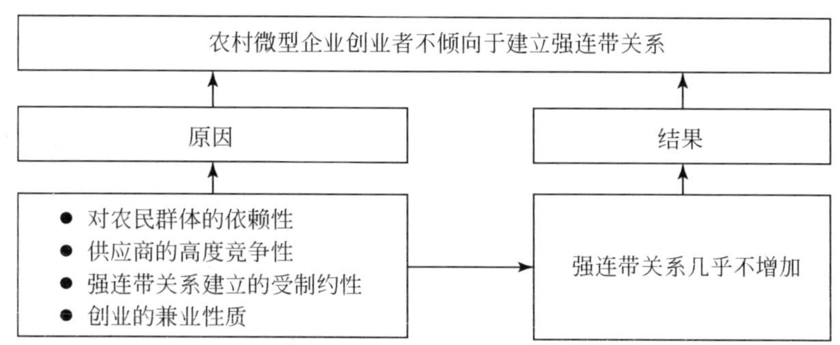

图6-1　农村微型企业创业者强连带关系的动态发展趋势及原因

6.3.2　农村微型企业创业者的弱连带关系的动态发展趋势及原因

表6-3简要列示出被调查者对问题③的关键回答以及本书基于关键回答得出的个案发现。

表6-3　对问题③关键回答及个案发现

编号	对问题的回答	个案发现
1	没有必要； 做生意没有必要这样做，最重要的还是以诚待人	不认为弱连带关系可以增加价值； 非常注重诚信

续表

编号	对问题的回答	个案发现
2	有必要； 认识的人越多，关系网就越大。关系网大一点，商机自然就大一点，商业利润就大一点	弱连带关系增加销售额
3	不需要； 我这里做的不是大生意，是小本经营	不认为弱连带可以增加价值； 非常注重产品价格
4	多认识些熟人有必要； 不管做什么行业，多一个朋友就多条路	弱连带关系增加销售额
5	不是强求； 偶然结实的朋友将来或许可以帮到忙	认可弱连带关系的价值
6	是有必要的； 多认识一些熟人，多建立一些关系肯定是有好处的	弱连带关系增加销售额
7	有必要； 但是关系太好了，反倒不好谈利益	弱连带关系更好谈利益
8	没这个想法； 技术过硬，活儿做得好，顾客总是稳定的	不认为弱连带关系可以增加价值； 非常注重服务质量
9	这个有必要； 在农村做事，熟人多，事情还是会多一些； 我的竞争对手有20多家，其中许多都拉关系，这样接的活儿自然要多一些	市场竞争激烈，弱连带关系增加销售额
10	有必要； 但是不喜欢耗费过多精力搞关系	认可弱连带关系的价值； 更注重产品的质量
11	有必要搞人缘关系； 有关系，可以帮我销货	弱连带关系增加销售额
12	肯定想拉关系； 拉来关系可以增加销售额	市场竞争激烈，弱连带关系可以增加销售额
13	可以拉关系； 靠人际关系好办事； 帮忙做推广的人，我一定得给他好处	弱连带关系增加销售额
14	认识几个熟人，对生意而言，几乎没有价值； 但是跟手艺人把关系搞好一点，可以带来财运	只和处于结构洞位置的人建立弱连带关系； 弱连带关系增加销售额

综合个案发现可以得出两个更一般的结论。第一，绝大多数被调查者倾向于建立弱连带关系，主要原因是弱连带关系能够增加销售，次要原因还包括和弱连带关系更好谈利益，而不受紧密关系的束缚。同时，有少数被调查者已经意识到，并非所有“熟人”都有价值，只有和处于结构洞位置的人建立弱连带关系，才能有效增加销售。第二，少数被调查者认为不必建立弱连带关系。为什么会出现这样的情况，通过进一步分析，可以发现，这些被调查者的共同特点是，他们所面对的客户是成熟、理性的客户，以男性为主。例如，编号为1的被调查者（经营内容：电动车、三轮车销售以及维修）这样认为：“我们接触的都是中年人和老年人，对农民来说，2000多元，也不是小数目。”编号为3的被调查者（经营内容：渔具）提到“一个东西，价格高，他也不会看关系到你这儿来买。他主要看价格是否实惠。”第8位被调查者（经营内容：理发）这样说道“我的价格在这里算一般的，附近的村民刮胡子都到店里来。”因此可以推理，理性、成熟和以男性为主的客户特点必然导致客户消费时考虑的最主要因素是价格和质量，这进一步促使农村微型企业创业者致力于产品或服务质量本身，而不是弱连带关系的建立。客户和创业者之间的关系更加接近于市场关系，而较少带有社会关系色彩。

基于一般发现，农村微型企业创业者弱连带关系的动态发展理论模型可以通过图6-2来反映。

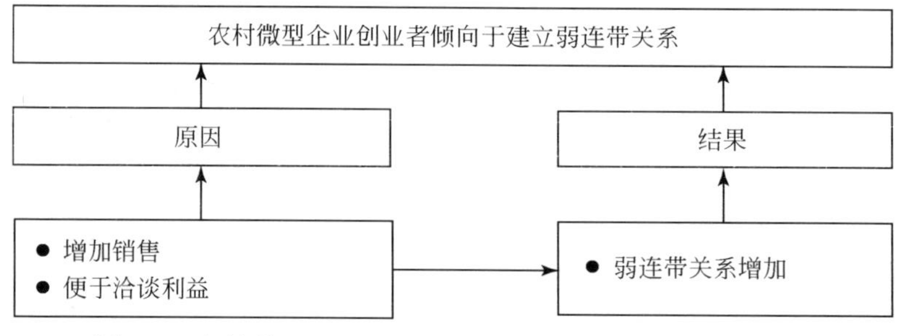

图6-2　农村微型企业创业者弱连带的动态发展趋势及原因

6.3.3　农村微型企业创业者的关系信任的动态发展趋势及原因

表6-4简要列示出被调查者对问题④、问题⑤的关键回答以及本书基于关键回答得出的个案发现。

表 6-4　对问题④、问题⑤的关键回答及个案发现

编号	对问题④的回答	对问题⑤的回答	个案发现
1	做生意就是要讲信誉，老少无欺	（供应商）要诚心诚意地对待我们，也想我们的生意做得好，他就能够赚到钱。我们生意做得不好，他赚钱也少	需要和客户建立信任； 需要和供应商建立信任； 和供应商有共同利益
2	做诚信生意； 通过质量和价格赢得消费者的信赖，所以建立了相对比较固定的客户群； 是什么样就是什么样，骗只能骗一回； 亲戚朋友遍布几个乡镇，骗了一家，就会使他失去信誉	这个货物是什么价位，里面是什么结构，供应商必须要讲清楚，这样我才好告诉顾客； 如果真的存在质量问题，供应商一般会退钱给我，因为我长期跟他做生意	需要和客户建立信任； 信任可以巩固客户群； 欺骗会减少销售额； 需要和供应商建立信任； 和供应商的信任有助于获得准确产品信息； 和供应商的信任有助于共同问题的解决
3	有必要； 一分钱一分货，他觉得买得实在，下次还会信任你	有必要； 如果需要，第一次在他家进货，下次就把他的号码记住，直接叫他托运	需要和客户建立信任； 信任可以巩固客户群； 需要和供应商建立信任； 和供应商的信任降低交易成本
4	要讲诚信； 做生意就等于做人，讲信誉，讲诚信，然后服务要好一点，价格再合理，回头客就多了	需要； 会选择人品好、更可信的供应商合作	需要和客户建立信任； 信任可以巩固客户群； 需要和供应商建立信任； 和供应商的信任有助于共同问题的解决
5	诚信放在第一位； 今天信誉不好，明天就没有人跟他打交道。就算有人跟他打交道，也会带有戒心，他反而会吃亏	我的供应商基本都信任我； 我有款就付账，没款，先把货拉回去再说	需要和客户建立信任； 不信任会产生负声誉； 需要和供应商建立信任； 和供应商的信任会降低交易成本
6	重要； 不跟顾客建立信任关系，他就不跟你销货	肯定要建立； 我们可以要求他把材料托运过来，再把款项打过去，肯定需要信任	需要和客户建立信任； 和客户的信任是交易的前提； 需要和供应商建立信任； 和供应商的信任降低交易成本

续表

编号	对问题④的回答	对问题⑤的回答	个案发现
7	重要； 没有信誉，怎么做生意啊； 生意面比较窄，本地的生意较多	重要； 我们是小本经营，家里不可能存很多货； 假如我急要货的话，一个电话，马上到； 我每年到武汉去一趟和供应商见个面，看一下有没有什么新产品，同时相互交流一下不足	需要和客户建立信任； 和客户的信任是交易的前提； 由于市场狭小，信任对销售的影响更大； 需要和供应商建立信任； 和供应商的信任是成功交易的关键； 和供应商的信任有助于共同解决问题
8	重要	不需要； 供应商很多，供应商送过来，价钱合适，就买，觉得赚不了钱，就不买	需要和客户建立信任； 不需要和供应商建立信任； 供应市场的激烈竞争使得供应商必须讲求诚信
9	肯定重要； 口碑很重要，出现问题是很正常的，但是要及时解决，服务态度好、信誉好是最重要的	重要； 基本上是在固定供货商那里拿货，中间有点什么小事情也好解决	需要和客户建立信任； 和客户建立信任是形成声誉的前提； 需要和供应商建立信任； 和供应商的信任有助于共同解决问题
10	需要； 酒不好，没人要	需要信任； 原料是我们从米厂进的，老家也送米过来，能保证酒的质量	需要和客户建立信任； 信任可以巩固客户群； 需要和供应商建立信任； 和供应商的信任有助于共同解决问题
11	需要； 有了信任，才薄利多销	不需要； 质量好就进货，质量不好，就不进货	需要和客户建立信任； 信任可以巩固客户群； 不需要和供应商建立信任； 供应市场的激烈竞争使得供应商必须讲求诚信
12	需要； 信任对销售商品而言十分重要	不需要； 供应商送货上门，态度很好	需要和客户建立信任； 信任可以巩固客户群； 不需要和供应商建立信任； 供应市场的激烈竞争使得供应商必须讲求诚信

续表

编号	对问题④的回答	对问题⑤的回答	个案发现
13	需要； 顾客就是上帝，对待他就像对待自己的事情一样	肯定是要的； 供应商发次品，我可以退回去； 我们都是先打款过去，一年结一次账。刚开始的时候，是先打钱，后拿货，现在做熟了，就先拿货，后来再补钱	需要和客户建立信任； 信任可以巩固客户群； 需要和供应商建立信任； 和供应商的信任有助于共同解决问题； 和供应商的信任可以降低交易成本
14	最重要； 我做生意，深知信誉的重要性。只有千里的名声，没有千里的威风。失信于人，就不能生存	需要。没有信任，根本无法合作； 和固定供应商合作，产品中存在的小问题，我会尽量包容； 我可以先销货，再付款	需要和客户建立信任； 信任是形成声誉的前提； 需要和供应商建立信任； 和供应商的信任有助于共同解决问题； 和供应商的信任会降低交易成本

综合个案发现可以得出两个更一般的结论。第一，所有的被调查者都倾向于和客户建立关系信任，原因是这种信任在交易前后发挥着重要作用。信任首先是交易发生的前提；在交易过程中和交易完成之后，信任有助于共同问题解决；随着交易结束，信任不仅可以巩固现有客户群，还是形成声誉、获得更多顾客的前提；在这一过程中，不信任会产生负声誉，对企业产生极大危害；在某些特殊情况下，信任还是成功交易的关键。例如，编号为 7 的被调查者强调，假如我跟供应商没有这种信任的话，生意根本做不成。特别值得强调的是，由于农村市场狭小，信任对销售的影响更大。例如，编号为 14 的被调查者提到，企业只有本地固定的客户，不讲信誉根本无法生存。

第二，大部分被调查者认为需要和供应商建立信任，但也有少数被调查者认为不需要和供应商建立信任。认为不需要建立信任的被调查者的理由是，供应市场的激烈竞争使得供应商必须讲求诚信。也就是说，和供应商之间的信任并不是不重要，只是激烈的市场竞争让供应商必须讲求信誉，否则就无法生存，因此作为创业者，不需要主动与之建立信任。创业者只需要规范自身的商业行为，信任就会自动被建立起来。

基于一般发现，农村微型企业创业者关系信任的动态发展理论模型可以通过图 6-3 来反映。

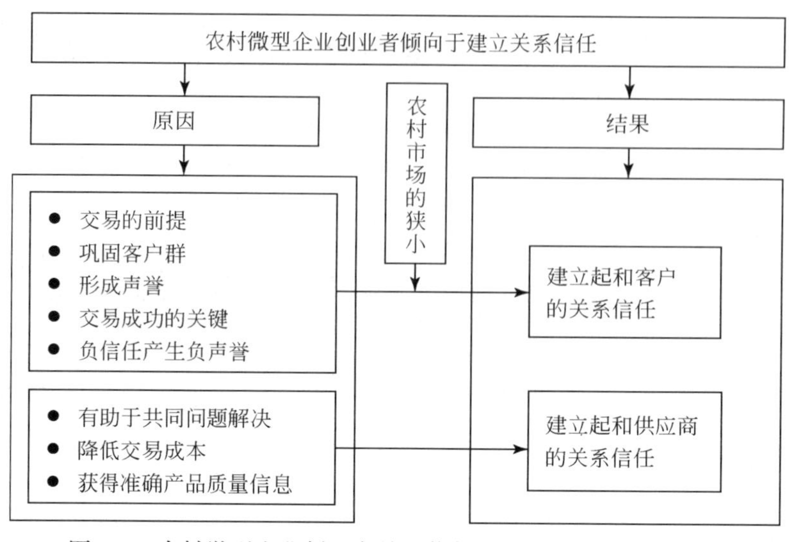

图 6-3　农村微型企业创业者关系信任的动态发展趋势及原因

6.3.4　农村微型企业创业者的社会资本的动态发展整体趋势

综合农村微型企业创业者强连带关系、弱连带关系和关系信任的理论发现，可以得出，对处于生存阶段的农村微型企业的而言，创业者社会资本动态发展的整体趋势是——不倾向于建立强连带关系、倾向于建立弱连带关系以及倾向于建立关系信任，这一结果如图 6-4 所示。

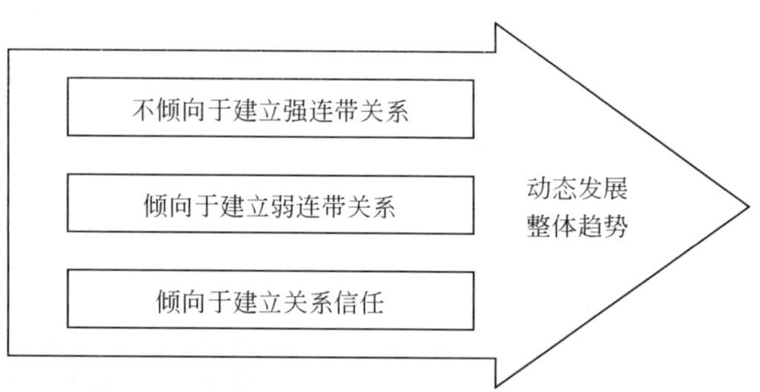

图 6-4　农村微型企业创业者的社会资本的动态发展整体趋势

6.4 讨论和结论

6.4.1 讨论

Weber（1951）区分了两种信任方式：特殊信任和普遍信任。特殊信任以私人关系和血缘关系为基础；而普遍信任以共同信仰为基础。特殊信任行为的特点是只信任和自己有私人关系和血缘关系的人，而不信任外人，并指出中国人的信任行为是一种特殊信任。Fukuyama（1995）在韦伯的基础上进一步指出，中国属于低信任度国家，而一个国家信任度的高低影响企业规模和全球竞争力，言下之意是中国的低信任度制约了中国的经济发展。Weber（1951）和Fukuyama（1995）虽然并没有对他们的观点提出严密的逻辑论证，但是他们的观点影响颇大。如果两人的观点成立，受到既有关系（血缘、地缘和业缘）的限制，在农村微型企业的早期成长阶段，农村微型企业创业者的强连带关系数目很难有较大增长。案例发现在一定程度证明了两人的观点，因为农村微型企业创业者不建立强连带关系的原因之一是强连带关系的建立受既有关系制约，后天努力在某些情况下不起作用。

费孝通（1998）的“差序格局”论认为，中国人的内外边界是模糊而具有弹性的，基于工具主义考虑，可以通过交往把“外人”变成“自己人”。而案例研究发现表明，农村微型企业创业者不建立强连带关系，同样是出于工具主义的考虑。因为农村微型企业的生存依赖的是农民群体，而不是某个个人或企业。当农村微型企业创业者面对无数个交易对象且每笔交易额非常小时，理性的选择是不跟其中任何人建立强连带关系。供应商的高度竞争性实际上节省了农村微型企业创业者与之建立联系的成本，而农村微型企业创业者也深知这一点。农民创业的兼业性质为农民提供了替代生存途径，这也从某种程度上削弱了农村微型企业创业者对强连带关系的依赖性。

过去已有众多研究者发现，当企业从诞生阶段向早期成长阶段推进时，弱连带关系比例会上升（Hite and Hesterly，2001；Lechnera and Dowlingb，2003；Greve and Salaff，2003；Maurer and Ebers，2006）。14 个农村微型企业的案例发现同样证明了这一点。但是，农村微型企业创业者建立弱连带关系的目的主要是增加销售，其次就是与弱连带关系好谈论利益而不受紧密关系的束缚。也就是说，弱连带关系的许多其他功能，如融资、获取有价值的新信息等功能并没有被开发出来。如果弱连带关系的这些功能被充分意识到并得以开发，对农村微型企业扩大经营规模和提高经营内容的创新水平将大有裨益。

如果把弱连带关系分成两类，即“信息弱连带关系”和“客户弱连带关系”，前者是能给企业提供有价值的新信息，能惠及整个生产和大宗销售，给企业带来整体意义上的增值的弱连带关系，如生产技术人员、采购或销售经纪人；后者是只能从个体意义上使得企业实现销售的弱连带关系，如普通的客户。那么，农村微型企业创业者建立的弱连带关系基本上属于“客户弱连带关系”。而且在狭小的当地市场中，“客户弱连带关系”只能在一定范围内增加销售。在当地市场被开发殆尽后，“客户弱连带关系”的功能就变为稳定销售而不能再增加销售了。

案例发现也证明关系信任能够方便经济交换（Nahapiet and Ghoshal，1998），传递详细信息和解决共同问题（Uzzi，1996）。同时，案例发现也再次证实了Lechner和Dowling（2003）的发现，即在企业建立之后，创业者试图通过发展市场网络来实质性地提高销售额。有极个别案例也证实了Johannisson（1996）的研究发现，即随时间变化，商业连带关系可能变成社会连带关系（也就是嵌入关系或强连带关系）。例如，编号为7的被调查者就跟他的企业客户以及供应商结成了一种比市场连带关系更为紧密的关系。

此外，通过案例研究还发现，农村微型企业所面临的市场的狭小性使得创业者尤其重视与商业伙伴关系信任的建立。不论农村微型企业创业者对狭小的市场怎么精耕细作，客户数目也有其上限。在市场宽度明显受限的情况下，农村微型企业创业者很自然地转向市场深度的挖掘，即努力建立和客户的关系信任，争取客户的重复购买。同时，农村微型企业创业者也清楚，市场越是狭小，越是应该珍视已经建立的信任并持续投资，把信任推向更高层次。

6.4.2 结论

本章使用探索性的案例研究方法，揭示出为了农村微型企业的生存，农村微型企业创业者社会资本动态发展的趋势以及背后的原因。研究结论是，农村微型企业创业者社会资本的总体发展趋势是：不倾向于建立强连带关系，但倾向于建立弱连带关系和关系信任。农村微型企业对农民群体的依赖性、供应商的高度竞争性、强连带关系建立的受制约性和创业的兼业性质导致农村微型企业创业者不倾向于建立强连带关系。而农村微型企业创业者之所以倾向于建立弱连带关系，原因是弱连带关系能够增加销售额，同时与弱连带关系能够方便地讨论利益而不受紧密关系的束缚。几乎所有的农村微型企业创业者都倾向于建立与客户的关系信任，因为它是交易的前提、能够巩固客户群、能够形成声誉，有时还是交易成功的关键，而农村市场的狭小放大了关系信任的积极或者消极作用，使得关系信任对于企业的生存极为重要。大部分农村微型企业创业者也倾向于建立与供应商的关系信任，因为它有助于共同解决问题、降低交易成本以及获得准确产品质量信息。但是供应商的高度竞争性会降低农村微型企业创业者建立与供应商的关系信任的倾向。这些规律的揭示，对深刻理解农村微型企业创业者社会资本服务于农村微型企业生存需要的内在机理具有重要的理论意义；同时对指导农村微型企业创业者主动培育社会资本以提高企业生存率具有重要的现实意义。

第7章 农村微型企业创业者的商业网络嵌入对初创企业绩效的影响

农村微型企业的创业者是农民。他们跟一般创业者一样，基于个人财务资本、人力资本和社会资本三种资源禀赋进行创业（Firkin，2001）。但是，我国农民并不具有一般创业者的显著特征，即拥有较为丰富的财务资本和人力资本。相反，他们的财务资本和人力资本非常匮乏，创业往往与缓解或脱离贫困紧密相连。虽然农民的财务资本和人力资本匮乏，但是农民嵌入在一定的社会网络之中，其拥有的社会资本不仅能带来人力资本（Coleman，1990）和财务资本（Batjargal，2003），而且能增强所拥有的人力资源和财务资本的回报（Coleman，1988）。因此，农村微型企业创业者的商业网络嵌入对初创企业绩效有着不容忽视的作用。

中国私营企业家的社会资本对其进入私营经济领域、获得资源和企业发展等方面具有重要作用（李路路，1995）。关于社会资本对农民提高经济地位、提升生活满意度、增加收入等方面的作用，国内学者已有研究。赵延东和王奋宇（2002）认为决定着城乡流动人口经济地位获得的主要因素是他们的人力资本与社会资本情况。陈成文和王修晓（2004）证明原始社会资本（强关系）更多地与城市农民工的生活满意度有关，而新型社会资本（弱关系）则更多地与其职业声望有关。李晴等（2009）提出要在自组织系统、农民间的相互信任、国家扶持等层次上来积累农民的社会资本，进而促进农民的收入提高。但是，针对农民凭借其个人社会资本，以农村微型企业为载体进行创业的大量实践，相关理论研究和实证检验都还比较薄弱。因此，本章将从理论上揭示农村微型企业中，农村微型企业创业者的社会资本和初创企业绩效的关系，并基于调查数据进行实证检验。

7.1 理论分析和假设提出

7.1.1 商业网络嵌入

创业者的初始社会网络对创建企业非常重要，但是，在企业创建之后，商业网络对企业绩效更为重要。Hite 和 Hasterly（2001）指出，当企业刚成立时，创业者的网络主要由社会嵌入连带关系（基础身份）组成；当企业进入早期增长阶段后，为了适应企业不断变化的资源需求和挑战，创业者的网络朝有更多基于经济成本和收益考虑的连带关系的算计性网络发展。创业者为了适应组织的功能和战略需求，将以一个更加前摄的姿态培育社会资本，培育过程就是创业者的学习过程和适应过程，培育的目的就是形成能带来经济收益的商业网络。Larson（1992）在研究企业关系时，将企业之间的网络动态发展分为三个阶段：交换先决条件的形成阶段、交换条件的进一步培养阶段以及最终的整合和控制阶段。他认为，在第二阶段，经济交换表象下的社会关系得以增加和放大，并反过来对不断膨胀的交易提供更多的控制，并最终改变网络结构。可见，商业网络具有以下三个特征：第一，商业网络形成的主要目的是服务于经济交换；第二，商业网络是创业者对社会资本进行培育和改造的主要对象，同时也是培育和改造成果的网络载体，并始终处于动态发展之中；第三，创业者的商业网络较之于初始社会网络，对初创企业的绩效有着更直接的影响。

Todeva（2000）将商业网络定义为“在构筑某种结构和关系的基础上，所产生的重复交易的集合，这一结构和关系有着某种不断变化的边界，它们包含一些相互作用的要素，如行动者、资源和行动。”Granovetter（1973）关于“嵌入”的观点被看作是把社会组织和社会关系引入经济系统分析的一种尝试；他认为，社会组织和社会关系不仅仅是突然出现并履行经济功能的一种结构，而且是一种有着历史渊源和持续性的结构，这一结构对经济系统的功能施加了独立的作用。

在本章中，农村微型企业创业者的商业网络嵌入被定义为，农村微型企业创业者通过积极主动的努力，在其初始社会资本的基础上动态发展而来的一种有助于企业经营的社会资本。较之于初始社会资本，它对初创企业绩效有着更为直接的影响。

Nahapiet 和 Ghoshal（1998）认为社会资本有三个维度：结构嵌入、关系嵌入和认知嵌入。其中，认知嵌入通常被认为与一个人所处的政治和文化背景有关，本章没有涉及这个维度。在剩下的两个维度中，结构嵌入体现联系的总体方式；关系嵌入则反映影响行为的某种特殊关系。结构嵌入从理论上包含网络连带关系和网络构型两个特征（罗家德，2008），受个人研究能力和研究可行性的限制，本章仅关注网络连带关系特征。已有研究通常涉及两种类型的网络连带关系——强连带关系和弱连带关系。其中，强连带关系是指那些关系持久、联系频繁以及感情亲密的关系；而弱连带关系是指那些只是偶然发生联系的关系（Granovetter，1973）。Barney 和 Hansen（1995）将信任定义为行动者对对方不会利用自身脆弱性的信心。

在本章中，强连带关系是指农村微型企业创业者和其商业网络中的亲戚、朋友之间形成的持久的、频繁联系的、感情亲密的关系。弱连带关系是指农村微型企业创业者和其商业网络中的熟人之间形成的偶然发生联系的关系。关系信任是指农村微型企业创业者对商业伙伴不会利用其脆弱性的信心。接下来，本书将对农村微型企业创业者的商业网络连带关系和关系信任与初创企业绩效的关系进行理论分析，并提出相应的假说。

7.1.2 网络连带关系和初创企业绩效

Peng 和 Luo（2000）认为转轨国家缺乏正式制度的支持，作为一种替代，非正式制度约束，如经理人连带关系，会在经济交换中扮演重要角色。转轨国家的农村较之于城市，又是正式制度较迟覆盖的地方，非正式制度约束的影响只会更大。此外，在实践中，我国农村微型企业中的一部分是没有经过登记的，不能为国家带来税收。也就是说，农村微型企业包含一部分的非正式经济成分，即使正式制度存在，也难以惠及这些企业。农村微型企业通常在非常恶劣的环境中求生存，其创业者的商业网络连带可能成为一种重要资源。

7.1.2.1 强连带关系数量和初创企业绩效

农村微型企业创业者的商业网络连带关系包括强连带关系和弱连带关系。其中，强连带关系是指农村微型企业创业者和其商业网络中的亲戚、朋友之间形成的持久的、频繁联系的、感情亲密的关系。商业网络中的强连带关系有助于农民和商业伙伴形成信任和互惠（Krackhardt，1992）；有助于较为复杂的商业信息在农村微型企业创业者和商业伙伴之间传递（Hansen，1999）；有助于农村微型企业创业者和商业伙伴一起解决经济交换中出现的问题（Dubini and Aldrich，1991；Uzzi，1997）。同时，强连带关系下的重复交易还可以限制农村微型企业创业者和商业伙伴的机会主义（Kale et al.，2000），以减少交易成本。商业网络中的血亲强连带关系还可以保护私有产权并提供情感支持（Peng，2004）。

相关经验研究发现，创业者的初始强连带关系对企业生存率和财务绩效都有影响（Brüderl and Preisendörfer，1998）；创业者网络包含的强连带关系数量较多时，初创企业增长的可能性更大（Ostgaard and Birley，1996）；如果创业者有亲密的朋友和邻居在从事商业活动，那么销售量会显著增加（Davidsson and Honig，2003）。基于以上分析，提出：

假设1：农村微型企业创业者商业网络嵌入中的强连带关系数量正向影响初创企业绩效。

7.1.2.2 弱连带关系数量和初创企业绩效

弱连带关系是指农村微型企业创业者和其商业网络中的熟人之间形成的偶然发生联系的关系。弱连带关系也能对初创企业的绩效造成积极影响。第一，偶然交往的商业伙伴可能提供异质的、有价值的信息（Granovetter，1973；Coleman，1988；Burt，1992），促使农村微型企业创业者捕捉采购、生产或销售机会。第二，弱连带关系所包含的模糊关系给农村微型企业创业者提供了是否对机会采取行动的自由（Batjargal，2000），从而对各种采购、生产或销售机会的取舍保持弹性，不受强连带关系下深重期望和责任的束缚。第三，较多弱连带关系不仅使农村微型企业创业者接触更多的新信息，这种接触反过来会刺激农村微型企业创业者学习能力的发展（McEvily and Zaheer，1999），从而提高资源使用效率。第四，弱连带关系具有数量优势（Burt，1992），可以为农村微型企业创业者带来广泛的商业伙伴，促成更多笔交易。经验研究也发现，创业者个人网络中的远距离连带数量对公司绩效有着更强的正向预测作用（Batjargal，2007）。基于以上分析，提出：

假设2：农村微型企业创业者商业网络嵌入中的弱连带关系数量正向影响初创企业绩效。

7.1.3 关系信任和初创企业绩效

在农村微型企业创业者的商业网络中，关系信任的形成源于创业者和商业网络中的亲戚、朋友和熟人之间的互动经历，它能很好地体现社会资本动态发展的质量。这种关系信任一旦建立，它又会方便经济交换（Coleman，1990），成为创业者获得和使用其他资源的前提条件（Nahapiet and Ghoshal，1998）。Granovetter（1985）甚至在其嵌入理论中指出，信任是网络连带关系与经济行动的中介变量。

借鉴 Barney 和 Hansen（1995）的做法，此处关系信任被定义为农村微型企业创业者对商业网络中的商业伙伴不会利用其脆弱性的信心。关系信任始于初次交易，并深刻影响后续交换条件的形成（Larson，1992）。这种影响的作用路径有：第一，关系信任可以加深农村微型企业创业者和其商业伙伴之间信息交换深度和丰富性（Uzzi，1997；Hite，2000），提高信息交换的质量（Lorenzoni and Lipparini，1999）。更高质量的信息交换有助于农村微型企业创业者和对方所拥有的其他资源进行交换和重新组合（Tsai and Ghoshal，1998），从而带来更多的互动性和适应性经济交换（Moran，2005）。调查中，有位农村微型企业创业者这样说道：我先修理自行车，修得好，价钱合适，别人有了摩托车（需要修理）也找我，再后来有人找我装车棚，我就去学焊接，顾客要什么，我就给什么。这名创业者的业务变化就体现了上述作用方式。第二，关系信任使得农民和其商业伙伴都假设对方会按照自己所预测的那样行事（Uzzi，1997；Das and Teng，1998），并且促使双方积极解决交易中遭遇的共同问题（Hoang and Antoncic，2003），减少交易摩擦，降低交易成本。调查中，笔者发现一些经营五金水暖的农村微型企业创业者往往表示会帮助解决顾客家中的水电问题。第三，关系信任还减少了农村微型企业创业者发现商业伙伴的成本（Granovetter，1985）。农村微型企业创业者和其商业伙伴之间已经建立的信任将通过“口碑相传”，为农村微型企业创业者带来更多的生意。第四，农村微型企业创业者往往处于相对狭小的商业网络中，当地的民风、民俗和商业交换规范交织在一起，促成一部分强制性信任，对商业网络中交易双方的机会主义行为产生一定的监督作用和制裁效果（Coleman，1990）。总之，农村微型企业创业者和其商业伙伴之间的关系信任显示出良好的价值创造潜力（Nahapiet and Ghoshal，1998）。

过去有经验研究发现，经理人个人网络中的关系信任与经理人销售额和企业创新表现显著相关（Moran，2005）。还有研究发现，经理人之间的互惠价值通过信任的中介作用提高公司绩效（Wu and Leung，2005）。实地调查时笔者也明显感到，农村微型企业创业者非常注重信誉，有一位创业者这样说道：“信誉是最重要的了，头几年埋头做事，后几年不用多说话，自然有人买你的东西。”基于以上分析，提出：

假设 3：农村微型企业创业者商业网络嵌入中的关系信任正向影响初创企业绩效。

7.1.4 机会创新性的调节作用

机会本质上是位于复制型机会和创新型机会两种极端类型之间的连续体（张玉利等，2008），其创新性取决于“手段-目的”关系的优化程度（Eckhardt and Shane，2003）。“手段-目的”关系的优化程度越高，将“手段-目的”关系变成现实的路径越是充满不确定性、模糊性和风险。

本章中，机会创新性指农村微型企业的经营内容或经营模式在当地市场的新颖程度。当企业经营内容或经营模式比较新颖时，由于面临更大的不确定性、模糊性和风险，在农村微型企业创业者的商业网络中，强连带关系可能扮演更为重要的角色。一方面，强连带关系有助于传递更加私人化的信息（Uzzi，1996）和复杂的隐性知识（Hansen，1999），以便创业者成功开发具有较高创新性的机会；另一方面，强连带关系提供的情感支持可以增加农村微型企业创业者对不确定性、模糊性和风险的承受能力（Brüderl and Preisendörfer，1998）；同时，强连带关系联系人可能成为企业提供的新颖产品和服务的首批消费者。因此，本书提出：

假设4：机会创新性正向调节强连带关系数量和初创企业绩效的关系。

当讨论弱连带关系和初创企业绩效的关系时，机会创新性的调节作用会变得扑朔迷离。当企业经营内容或经营模式具有较高的创新性时，丰富弱连带关系可能会对初创企业绩效施加一个更为积极的影响，这是因为弱连带关系能够带来异质信息从而有利于机会开发。但是，当企业经营内容或经营模式比较陈旧时，这样的创业机会更易于被旁观者复制。换句话说，这样的机会上所附着的信息更容易被格式化并易于传递。已有学者指出，弱连带关系有助于对可编码信息的有效搜寻（Hansen，1998）。因此，当企业经营内容或经营模式比较陈旧时，弱连带关系传递这些格式化信息的优势凸显出来。有着丰富弱连带的农村微型企业创业者，有可能遭受更多的信息泄露。有时，这些被传递的格式化信息被称为“商业秘密”。因此，本书提出：

假设5：在弱连带关系数量和初创企业绩效之间，机会创新性的调节作用不确定。

企业经营内容或经营模式越新颖，农村微型企业创业者和商业伙伴之间交换关系的不确定性越大，有关交易的“信息缺乏、稀有、分布不均、传递无效、获取费用高昂”问题（Geertz，1978）越突出，交易因此更有可能在农村微型企业创业者和有着高度信任关系的商业伙伴之间发生。同时，企业经营内容或经营模式越新颖，创业者与商业伙伴（特别是消费者）建立的交换关系所指向的产品或服务的非常规性越强，基于高度信任的“密集信息”交换（Larson，1992）能促使产品和服务朝着最符合消费者需要的方向不断被改进。也就是说，关系信任为机会创新性高的农村微型企业创业者不仅提供首次交易，而且提供了交易内容深化的平台。因此，提出：

假设6：机会创新性正向调节关系信任和初创企业绩效的关系。

图7-1为理论框架图。

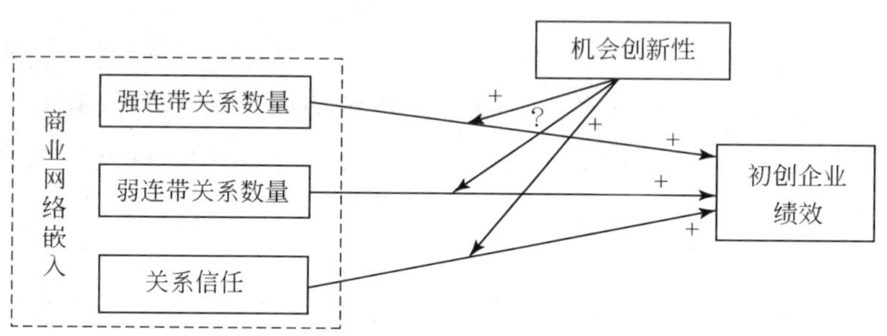

图7-1 商业网络嵌入对企业绩效影响研究框架

注：“+”表示正向作用；“?”表示作用方向不确定

7.2 研究方法

7.2.1 样本选取与数据收集

7.2.1.1 样本选取

本章选择初创农村微型企业为研究对象。初创农村微型企业在操作中要符合以下5个条件：①创业者是农村户口；②创业地点位于县城及以下；③创业者自我雇佣；④包括创业者在内，企业人数规模在10人以下；⑤成立时间在2001年7月之后。参照Zahra等（2000）以及Helena等（2001）的做法，本书把成立时间少于8年的企业定义为初创企业。问卷调查时间是2009年7月，因此研究对象的成立时间应该在2001年7月之后。

7.2.1.2 数据收集

实地调查分两步走，筛选型面试（screening interview）和正式问卷调查。前者的目的是框定研究对象，后者的目的是收集相关数据。

正式问卷调查时，由调查人员按问卷中的题项对被调查者进行询问，然后根据其回答，完成问卷的填写。创业者的性别、年龄、教育程度等题项采取填空方式；创业者商业网络中的强连带关系、弱连带关系、关系信任以及初创企业绩效题项则采取李克特 5 点量表方式。问卷发放兼顾东部、中部、西部省份，从而使样本来自不同发达程度的农村地区。一共发放问卷 250 份，回收问卷 230 份，有效问卷 213 份，占发放问卷的 85.2%。

表 7-1（a）　样本特征分布情况（一）

项目		样本量（个）	所占比例（%）
性别	男	146	68.54
	女	67	31.46
年龄	30 岁以下	44	20.66
	30 ~ 40 岁	84	39.44
	40 岁以上	85	39.91
教育程度	小学及以下	78	46.62
	初中毕业或肄业	87	40.85
	高中毕业或肄业	48	12.53

表 7-1（b）　样本特征分布情况（二）

所在省份	样本量（个）	所占比例（%）	地区加总（%）
河北	18	8.45	东部 26.76
山东	15	7.04	
北京	10	4.69	
江苏	6	2.82	
浙江	5	2.35	
广东	3	1.41	
湖北	80	37.56	中部 58.22
江西	16	7.51	
安徽	12	5.63	
山西	6	2.82	
云南	10	4.69	西部 15.02
内蒙古	8	3.76	
广西	7	3.29	
贵州	6	2.82	
陕西	3	1.41	

样本特征分布情况见表 7-1。在所调查的农村微型企业中，从农村微型企

业创业者的性别看，男性占68.54%，女性占31.46%；从年龄分布看，30岁以下的占20.66%，30~40岁的占39.44%，40岁以上的占39.91%；从教育程度看，小学及以下的占46.62%，初中毕业或肄业的占40.85%，高中毕业或肄业的占12.53%；从样本所在地区分布看，东部占26.76%，中部占58.22%，西部占15.02%。总体来看，样本分布广泛。

7.2.2 变量定义与测度

7.2.2.1 因变量

初创企业绩效。先前学者们从企业生存与否、生存时间、产生的就业岗位、销售增长、销售利润、企业总体表现和竞争力的提高（Wu and Leung, 2005）等方面来衡量企业绩效。绝大多数农村微型企业没有设置会计账簿，不便于直接获得销售和利润信息；其就业岗位提供能力和增长能力也都极其有限，不适合用雇员人数或销售增长来衡量其绩效。农村微型企业创业者的创业动机主要为了个人或家庭生计，因此用微型企业在满足生计方面的贡献来衡量企业绩效比较恰当。为此，本书设置了3个题项来收集相关信息。它们分别是：①您家孩子的读书费用有多少来自创业收入？②您家盖房费用有多少来自创业收入？③一年的创业纯收入大概有多少？鉴于收入问题比较敏感，对答项作出如下安排。对题项①、②，1、2、3、4、5分别代表不依靠创业收入、少部分依靠创业收入、一半依靠创业收入、大部分来自创业收入、全部依靠创业收入。对题项③，1、2、3、4、5分别代表年创业收入在1万元以下、1万~2万元、2万~3万元、3万~4万元和4万元以上。然后对3个题项得分进行算术平均，并以该平均值来衡量初创企业绩效。这样处理的理论依据是，当缺乏理论对现存概念的各个组成部分的重要性进行分级时，对各个组成部分最好给予同等程度的考虑（McGee et al., 1995; Welbourne and Andrews, 1996）。

7.2.2.2 自变量

就个人水平的社会资本的测量而言，Lin（1999）创造了“位置生成法”，该方法主要从两个方面调查个人的社会资本——网络规模和网络资源。另一种方法则是Campbell等（1986）采用的“提名生成法”，它是就某个事件，让被调查者回忆起曾经帮助过他的前五名联系人以及他们之间的关系特征和资源。在国内的创业研究中，学者们经常使用“提名生成法”（张玉利等，2008）。但是，预测试表明农村微型企业创业者非常保守，他们拒绝提供“提名生成法”所要求的详细信息。同时，笔者也希望掌握社会资本的规模和资源两个方面的信息。因此，本书糅合了“位置生成法”和“提名生成法”两种方法，以保证信息的充分性、可接近性和针对性。

强连带关系数量。强连带关系数量是指农村微型企业创业者和其商业网络中的亲戚、朋友之间形成的持久的、频繁联系的、感情亲密的关系数量。在获取强连带关系数量规模信息的同时，还要保证强连带关系上的资源和信息丰富并具有针对性（即针对创业这个事件），本书设置了3个题项来收集信息。它们分别是：①在您的亲戚和朋友当中，如果没有了他（她）的帮助，您的企业经营将受到很大影响，这样的人有几个？②在您的亲戚或朋友当中，已经创业的人有几个？③在您的亲戚和朋友当中，是公务员或金融机构职员的有几个？对这3个题项，1、2、3、4、5分别代表0个、1个、2个、3个和4个以上。本书用3个题项得分的算术平均值来衡量强连带关系数量。

弱连带关系数量。弱连带关系数量是指农村微型企业创业者和其商业网络中的熟人之间形成的偶然发生联系的关系数量。基于同样的原因，本书设置了两个题项来收集信息。它们分别是：①给您介绍销售生意的交往不多的熟人有几个？②给您提供有关进货方面的信息的交往不多的熟人有几个？对这两个题项，1、2、3、4、5分别代表0个、1个、2个、3个和4个以上。本书用两个题项得分的算术平均值来衡量弱连带关系数量。

关系信任。关系信任是指农村微型企业创业者对商业网络中的亲戚、朋友和熟人不会利用其脆弱性的信心。关系信任是一体两面的，行动方展现了可信赖行为，对方才会付出信任。因此，关系信任可以用农村微型企业创业者行为表现的可信赖性来测量。Butler（1991）认为可信赖性包括五个构面，分别是能力、正直、一致、忠诚和开明。Mishra（1996）定义了可信赖性的四个构面，即能力、开放、一致和互惠。Luo（2005）的研究中采用四构面说，并加入了一个题项测度整体信任程度。本章追随Luo（2005）的做法，将可信赖性定义为能力、开放、一致、互惠和整体信任感五个构面，结合本章进行情景化处理，设计以下五个题项。它们分别是：①对创业所需要的知识和技能，您觉得自己的胜任程度是多少？②您觉得如果想把生意做好，应该对商业伙伴诚实到什么程度？③您认为自己行为的稳定可靠程度有多大？④“我不会占商业伙伴的便宜，为他们着想也就是为自己着想”，对此，您从多大程度上认同？⑤商业伙伴对您的整体信任程度是多少？选项1、2、3、4、5代表程度由浅入深。

基于调查数据的五构面量表的克隆巴赫 α 系数为0.711，大于0.7，则通过了信度检验。代表样本充分水平的KMO检验值为0.768，说明样本数量是充分的；Bartlett 球形检验值为 231.052，说明五个构面适合提取公因子（表 7-2）。

表 7-2　关系信任的探索性因子分析结果

构面	最大值	最小值	均值	因子值	信度系数
能力	5	1	2.92	0.304	0.711
开放	5	1	3.77	0.828	
一致	5	1	3.50	0.743	
互惠	5	1	3.47	0.767	
整体信任感	5	1	2.84	0.731	

注：公因子提取方法采用主成分法，因子提取标准采用特征值大于 1。依照该标准提取了一个公因子，该公因子对累计方差的贡献率为 49.04%；KMO 检验值为 0.768；Bartlett 球形检验值为 231.052，$P<0.001$

利用探索性因子分析的主成分分析方法，本书提取了一个公因子，命名为关系信任。其方差贡献率为 49.04%，表明五个构面的所有方差中，有 49.04% 的方差可以用该公因子来解释。根据五个构面的原始得分，采用回归法计算出公因子得分，并用公因子得分来衡量关系信任。

7.2.2.3　调节变量

机会创新性。Samuelsson（2004）从企业研发投入优先性、专利重视程度、产品或服务独特性、所面临竞争压力水平等四个维度测量创业机会的创新性，前两个维度指向企业的创新行为表现，第三个、第四个维度分别指向企业的创新成果和外在压力，总体来说，这一测度方式面向未来，获得的是关于企业潜在机会创新性的数据。但本章中，机会创新性指农村微型企业的经营内容或经营模式在当地市场的新颖程度，它很大程度上在机会识别阶段就已经被决定。农村微型企业的经营内容或经营模式越新颖，同业竞争对手就越少，机会创新性越高，反之就越低。因此，本书设置了题项“您的同业竞争对手有多少？”来获取机会创新性数据。1、2、3、4、5 分别代表竞争对手由多到寡，即机会创新性由低到高。

7.2.2.4　控制变量

性别和年龄。本书还选取了性别和年龄作为控制变量。性别为虚拟变量，1 代表男性，0 代表女性；年龄则用创业者实际年龄测量。

7.2.3 数据分析方法

数据分析方法采用多元调节回归方法（moderated multiple regression, MMR）。为了检验前面提出的假设，采用逐步加入控制变量、自变量、调节变量、自变量和调节变量的交互项的回归模型进行数据分析。为了减少回归方程中变量间的多重共线性问题（multicollinearity），对交互项所涉及的变量都做了中心化处理，即用测量值减去该测量值的均值，使得新得到的样本数据的均值为0（Aiken and West，1991）。

7.3 数据分析结果及解释

表7-3为主要研究变量的描述性统计信息和相关系数矩阵。可以看出，在农村微型企业中，弱连带关系数量和机会创新性与初创企业绩效之间不存在显著的相关关系（$r=0.015$，$r=0.016$），而年龄、性别、强连带关系数量和关系信任与初创企业绩效的相关系数依次为0.166、0.146、0.244和0.252，分别在0.05、0.05、0.01和0.01的水平上显著。

表7-3 主要研究变量的描述性统计结果及相关系数矩阵

序号	变量	最小值	最大值	均值	标准差	2	3	4	5	6	7
1	年龄	19.00	65.00	38.15	9.32	0.030	-0.096	-0.005	0.065	0.050	0.166**
2	性别	0.00	1.00	0.69	0.47		0.049	0.071	-0.088	0.064	0.146**
3	强连带关系数量	1.00	5.00	2.72	1.03			0.287**	0.047**	-0.065	0.244***
4	弱连带关系数量	2.00	4.00	2.74	0.63				0.137*	0.032	0.015
5	关系信任	-3.15	2.50	0.00	1.00					-0.035	0.252***
6	机会创新性	1.00	5.00	3.01	1.26						0.016
7	初创企业绩效	0.67	5.00	3.11	0.97						

*、** 和 *** 分别表示在0.1、0.05和0.01的水平上显著

调节回归结果如表7-4所示，模型1为控制变量对因变量的回归模型；模型2为控制变量和自变量——强连带关系数量和弱连带关系数量，对因变量的

主效应回归模型；模型 3 为控制变量和自变量——强连带关系数量、弱连带关系数量、关系信任，对因变量的主效应回归模型；模型 4 为控制变量、自变量、调节变量对因变量的主效应模型；模型 5 为包含自变量和调节变量交互作用的全效应模型。

如表 7-4 中模型 2 所示，农村微型企业创业者商业网络嵌入中的强连带关系数量对初创企业绩效有非常显著的正向预测作用（$\beta=4.049$，$P=0.000$），假设 1 得到验证。假设 2 没有得到验证（$\beta=-1.068$，$P=0.287$），可能的原因有两点：一是农村微型企业创业者商业网络嵌入中的弱连带关系联系人往往并非处于不同群落中，从而拥有有价值的异质信息；二是弱连带关系上即使有有价值的信息，最终也要基于信任发挥其传递作用，中国人倾向基于强连带关系的特殊信任而缺乏一般信任（韦伯，1995；Fukuyama，1995），农村微型企业创业者商业网络嵌入中的弱连带关系传递信息能力受到这一倾向的制约。

如表 7-4 模型 3 所示，农村微型企业创业者商业网络嵌入中的关系信任对初创企业绩效有显著的正向预测作用（$\beta=2.342$，$P=0.020$），假设 3 得到验证。同时，关系信任自变量的加入使得 $\Delta R^2=0.019$，模型的拟合优度变好。

如表 7-4 模型 5 所示，机会创新性对弱连带关系数量和初创企业绩效的关系有正向调节作用（$\beta=2.080$，$P=0.039$），对关系信任和初创企业绩效的关系也有正向调节作用（$\beta=1.691$，$P=0.092$），但对强连带关系数量和初创企业绩效的关系无调节作用。因此，假设 4 没有得到验证，假设 6 得到了验证。同时，针对假设 5，实证后得到了一个正向作用的结果。

表 7-4　商业网络嵌入及其他变量对初创企业绩效的调节回归结果

解释变量	因变量：初创企业绩效				
	模型 1	模型 2	模型 3	模型 4	模型 5
年龄	2.394** (0.018)	2.868*** (0.005)	2.568** (0.011)	2.548** (0.012)	2.883*** (0.004)
性别（女性为参照）	2.097** (0.037)	2.021** (0.045)	2.334** (0.021)	2.306** (0.022)	2.429** (0.016)
强连带关系数量		4.049*** (0.000)	2.511** (0.013)	2.520** (0.013)	3.008*** (0.003)
弱连带关系数量		−1.068 (0.287)	−1.098 (0.274)	−1.108 (0.269)	−1.062 (0.289)
关系信任			2.342** (0.020)	2.338** (0.020)	1.961* (0.051)

解释变量	因变量：初创企业绩效				
	模型 1	模型 2	模型 3	模型 4	模型 5
机会创新性				0.299 (0.765)	0.269 (0.788)
强连带关系数量×机会创新性					-0.220 (0.826)
弱连带关系数量×机会创新性					2.080 ** (0.039)
关系信任×机会创新性					1.691 * (0.092)
F	5.217 ***	6.889 ***	6.727 ***	5.596 ***	4.85 ***
R^2	0.047	0.117	0.140	0.140	0.177
调整 R^2	0.038	0.100	0.119	0.115	0.140
ΔR^2		0.062 ***	0.019 ***	-0.004	0.025 ***
N，df	213，2	213，4	213，5	213，6	213，8

*、** 和 *** 分别表示在 0.1、0.05 和 0.01 的水平上显著；表格中的第一个数值为 β 系数，括号内的数值为显著性系数

为了更直观地揭示机会创新性对社会资本与初创企业绩效之间关系的调节作用，本书在图 7-2 中提出有关的调节作用图。其中，机会创新性高低划分标准参照其均值（3.01），测量值高于均值的归为高机会创新性组，低于均值的归为低机会创新性组。

如图 7-2（a）所示，机会创新性对弱连带关系数量和初创企业绩效的关系具有干扰型调节作用。机会创新性较低时，弱连带关系越丰富，绩效反而越低；而机会创新性较高时，弱连带关系越丰富，绩效越好。如图 7-2（b）所示，机会创新性对关系信任和初创企业绩效的关系具有增强型调节作用。具体而言，机会创新性较低时，关系信任对初创企业绩效的正向作用较微弱；而机会创新性较高时，关系信任对初创企业绩效的正向作用则较强烈。

以上调节作用出现的原因何在？先讨论图 7-2（a）所显示的干扰型调节作用。在高机会创新性组内，弱连带关系数量和初创企业绩效是正相关的，背后的原因与本书在提出假设 5 时的分析一致。在高机会创新性组内，丰富的弱连带关系确实能够起到弥补农村微型企业创业者在知识和信息方面不足的缺陷的作用，从而帮助他们成功开发这类机会。在低机会创新性组内，弱连带关系和初创企业绩效是负相关的。为什么这种现象会出现？根据先前的分析，可能

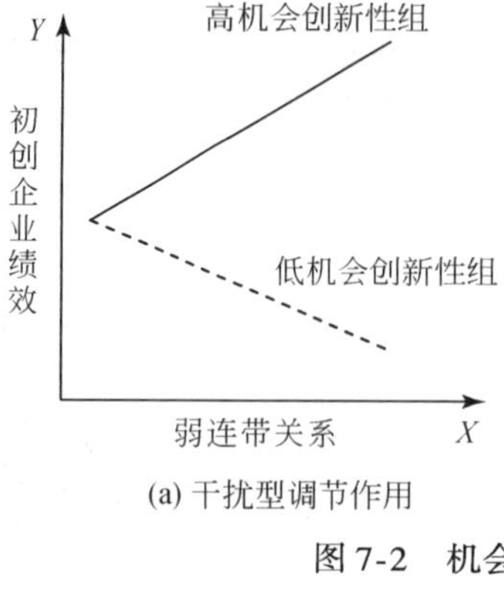

(a) 干扰型调节作用

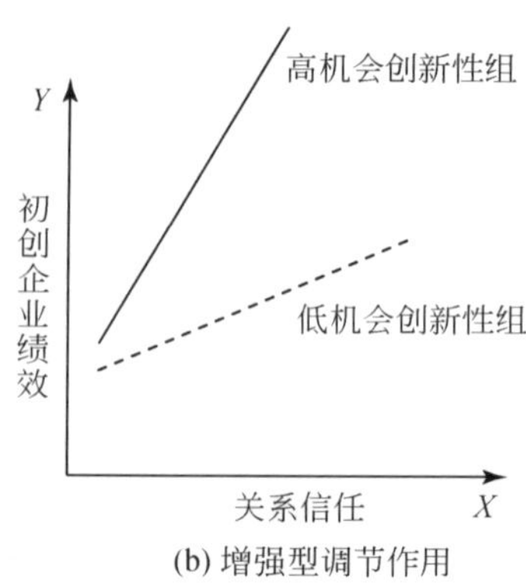

(b) 增强型调节作用

图 7-2　机会创新性交互项斜率图

的原因是，弱连带关系会造成商业秘密的泄露。但是，在调查中，几乎没有创业者提到“商业秘密泄露”问题。但是，笔者发现了另一种现象。那些开五金店或副食店的农村微型企业创业者往往抱怨，经常有人在年头和年中赊账，而在年尾才能还钱。因为农民们盖房往往在春夏进行，而购买副食更是全年行为。对这些赊账的农民来说，只有家中外出打工的人在年终带回现金以后，才能用现金还账。所以，笔者猜想，原因可能是，低机会创新性将导致农村微型企业创业者彼此之间激烈的竞争，竞争促使农村微型企业创业者采取宽松的信用政策。有时，这种信用政策过于宽松，以至于对众多缺乏良好信用记录的“熟人”实施了赊销。当赊销在未来变成了坏账时，就真实地损害了初创企业绩效。

图 7-2（b）所显示的是一种增强型调节作用。不论在高机会创新性组，还是在低机会创新性组，关系信任都正向作用于初创企业绩效。但是，在高机会创新性组内，关系信任的作用更强。可能的原因是，当机会具有较高创新性时，伴随而来的信息不充分、稀缺、不对称、无效传递以及传递成本过高的问题会更加突出，而关系信任能够有效解决这类问题。

7.4　结论与启示

本章结果表明，在农村微型企业中，农村微型企业创业者商业网络嵌入是影响其初创企业绩效的重要因素，不仅对商业网络结构嵌入有影响，而且对商业网络关系嵌入也有影响。同时，机会创新性对初创企业绩效虽然没有显著的直接影响，但它调节了创业者社会资本和初创企业绩效的关系。

第一，在农村微型企业创业者的商业网络嵌入中，结构嵌入的不同方面对初创企业绩效的影响差异显著。强连带关系显著影响了绩效，而弱连带关系没有显著影响。这一结果与 Granovetter（1973）著名的弱连带关系假设相反，与 Brüderl 和 Preisendörfer（1998）的研究结论一致，即在创业和小企业背景下，强连带关系是非常关键的资源。这说明当前农村微型企业创业者要善于利用商业网络中的亲戚和朋友资源。同时还说明，他们自身缺乏能给企业带来实质性帮助的、有价值的弱连带关系。

第二，在农村微型企业创业者的商业网络嵌入中，关系嵌入对初创企业绩效具有显著影响，而且引入关系信任变量之后，模型的拟合优度变好。这从一定程度上说明，农村微型企业创业者不仅要编制丰富的商业网络，更要重视跟网络上的联系人建立高质量的信任关系，因为后者对经济效果将产生更为直接的作用（Nahapiet and Ghoshal，1998；Moran，2005）。

第三，机会创新性对初创企业绩效并无显著正向作用。但这一发现并不一定具有普适性。农村微型企业的创建在很大程度上与农民生计问题相关。农民以农村微型企业为载体的创业大多是一种复制型创业，也就是说，整体而言，农村微型企业缺乏创新性。这种整体偏低的创新水平可能影响了变量之间的关系，表现为在农村微型企业创业背景下，机会创新性对初创企业绩效作用不明显。但是，在机会型创业中，创新性所包含的“手段–目的”关系的新颖程度则是创业利润的根本来源（Shane，2003）。研究结果从一个侧面说明，政府在提高农民创业的创新性方面，应该给予更多的关注。

第四，机会创新性对弱连带关系数量和初创企业绩效的关系具有干扰型正向调节作用。具体调节过程是：机会创新性较高时，弱连带关系和初创企业绩效正相关；而机会创新性较低时，弱连带关系和初创企业绩效负相关。这说明，一方面，农村微型企业创业者应该多结识和利用有价值的熟人来开发更具创新性的机会；另一方面，如果从事竞争激烈的事业，则应该尽量避免对缺乏良好商业记录的熟人进行赊销，以免发生大量坏账。

第五，机会创新性对关系信任和初创企业绩效的关系具有增强型正向调节作用。具体调节过程是：机会创新性较低时，关系信任对初创企业绩效的正向作用较微弱；而机会创新性较高时，关系信任对初创企业绩效的正向作用则相当强烈。这说明机会创新性越高，农村微型企业创业者越是要有意识地培育同商业伙伴的关系信任，以追求更好的企业绩效。

本章的理论贡献在于四个方面：第一，它探究了在农村微型企业这一非主流企业形式中个人社会资本和初创企业绩效的关系，丰富了微型企业背景下的社会资本。第二，一定程度上考虑了社会资本的动态发展性，指出经农村微型企业创业者动态发展的社会资本主要表现为其商业网络嵌入。第三，从商业网络的结构嵌入和关系嵌入出发，探究各自对初创企业绩效的影响力度和方向，响应了建立“涵盖社会资本多维度的模型”的呼吁（Oh et al.，2004）。第四，模型中引入了机会创新性这一调节变量，探究了农村微型企业创业者社会资本对机会创新性的权变价值。本章的现实意义在于：为农村微型企业创业者主动培育社会资本，通过提高初创企业绩效来改善生计；为政府制定政策，引导农民实施具有较高创新性的项目，提供经验佐证和理论指导。

7.5 局限与未来研究方向

在 Nahapiet 和 Ghoshal（1998）的讨论中，社会资本具有三个维度——结构嵌入、关系嵌入和认知嵌入。认知嵌入通常与行动者所处的文化和政治背景有关，本章虽然没有涉及，但仍然需要进一步探讨。另一个局限是，受到财力和现实问题（如农村微型企业的流动性强）的制约，本章所使用的数据为截面数据而非纵向数据，因此，变量之间因果关系的证明缺乏十足的说服力。未来的研究可以考虑构建一个更为详细的理论模型并使用更加坚实的数据。此外，研究中发现，强连带关系和弱连带关系之间的相关系数达到了 0.287，并在 0.05 的水平上显著，这一结果引发了一个新的问题，即强连带关系和弱连带关系之间如何发生联系，这也是值得探索的。

第8章 研究启示及研究展望

本书从农村微型企业创业者的社会资本出发，以对“农村微型企业创业者的社会资本如何影响其机会识别”、“农村微型企业创业者如何对社会资本进行动态发展以适应企业的生存需要”以及“经农村微型企业创业者动态发展后的社会资本对创业绩效将产生何种影响”等三个问题的依次回答为研究主线，运用创业过程理论、社会资本理论和资源基础理论，借助理论研究、计量模型、扎根理论和案例研究等研究方法，得出农村微型企业创业的规律性认识。这些规律性认识对农村微型企业创业者和政府都有着不同程度的启示。同时，笔者也深知，由于时间、资金限制，本书研究还有诸多地方不完善，有待于日后深入研究。

8.1 研究启示

8.1.1 管理启示

综合本书三大研究内容的研究结论，总结出三条针对农村微型企业创业者的启示。

第一，农村微型企业创业者应该充分利用和调动自身强连带来关系开展创业、改善生活。无论是农村微型企业创业者的初始社会资本中的强连带关系，还是后来发展成的商业网络嵌入中的强连带关系，都分别对其机会识别和创业绩效有着重要影响。这说明，在农村正式制度的不完善和农民自身金融、人力资本的匮乏的现实约束下，农民个人社会资本中的强连带关系的确起到了弥补制度缺陷和提供资源摄取的作用，因此能够成为农村微型企业创业者进行农村微型企业创业时值得依赖的重要资本形式。

第二，农村微型企业创业者要加强建立有价值的弱连带关系，充分发挥弱连带关系的信息传递作用。对于这一点，农村微型企业创业者要意识到，只有具有更高创新性的创业才能获得更为丰厚的创业利润和延长企业的生存时间，而更高创新性的创业和有价值的新信息密不可分。跟自己不是处于同一个生活圈子的人更可能带来这种新信息。因此，农村微型企业创业者要站在提高创业的创新水平的高度，主动结识具有“结构洞”战略意义的弱连带关系联系人，并使之成为输送最新市场信息的管道。

第三，农村微型企业创业者要着力培养关系信任，对狭小市场进行精耕细作式开发。农村微型企业所面临的市场现实是农村市场整体偏低的购买力和数量有限的人口。所以，农村微型企业创业者必须对市场进行精耕细作式开发，要特别着力培养与商业伙伴的关系信任，才能占有一定的市场份额。

8.1.2 政策启示

本书的研究结论除了对农村微型企业创业者有管理上的启示之外，对政府制定相关创业扶持政策也是具有启发意义的。

三个研究内容的研究发现共同显示，农村微型企业创业者的弱连带关系不仅先天不足，而且在农村微型企业的生存阶段也没有得到很好的发展，尤其是没有增加具有“结构洞”战略意义上的弱连带关系，或者说是“信息弱连带关系”。农村微型企业创业者的弱连带关系的先天不足使得他们得不到有价值的新信息，从而启动一项具有较高创新性的创业活动；而后期不能得到很好发展，又使其只能维持这种低水平创业以及取得微薄利润，企业生存非常艰难。但问题是，农村微型企业创业者的弱连带关系的先天不足背后有着自身难以控制的原因；后期得不到很好发展也是创业者们的理性选择结果。要想提高农村微型企业创业的创新水平和创业利润，必须有一个外生力量进行有益的干扰，这个外生力量无疑只可能是政府。

政府如何才能充当好“结构洞”角色，以有效地弥补农村微型企业创业者“信息弱连带关系”的缺乏。本书认为，政府可以从两个方面着手。一方面，主动搜集并让农民接近新信息。另一方面，帮助农民解读信息。为了有效传递有价值的新信息，政府可以考虑的具体做法有：①编制农民创业指导目录。按照产业政策和就业行业类别，分类指出农民就业热门行业参考目录，让农民有针对性地选择适合自己的行业，引导农民投资进入倡导的行业、区域内优势领域或特色产业，促进农民创业效能优化。②提供市场性创业项目。地方政府依托政府网站和信息中心等，开设农民创业项目信息专栏，做好投资政策、产业政策、市场形势等方面的信息采集和发布工作。③公开招标计划性政府投资项目。政府本着公开、公平、公正的原则，对计划性政府投资项目进行招标，允许有条件的农村微型企业创业者参与其中，将推进农民创业和实施政府投资规划有机结合，为农民创业提供更多机会。④加强对农民创业指导培训。充分发挥各类农民技术技能培训和 SIYB 项目（“创办和改善你的企业”项目）的作用，把技术、信息等送到农民手中，培养造就农业科技带头人，为农民送去创业致富的“金钥匙”。⑤建立咨询服务机构。及时提供财务、法律和政策解读方面的咨询服务，以弥补农村微型企业创业者知识结构上的短板。

长期以来，学界和政府比较关注对农民创业的融资支持。但是，笔者在调查中了解到，依靠和利用政府融资支持的农村微型企业创业者还是少数。据这部分人反映，政府融资除了手续麻烦、需要一定关系之外，其利率与私人贷款利率相差无几。例如，在湖北省黄梅县孔陇镇，农业银行推出的“农户联保贷款”一年是 1 分息，私人贷款一年也是 1 分息，而私人贷款无需任何担保和抵押。可见，农村微型企业创业的融资困难并不如人们想象得那么严重。而笔者的研究却充分暴露出农村微型企业创业者在利用弱连带关系获取有价值的新信息方面是弱环。因此，政府在以后的农村微型企业创业支持服务中，其工作重点应该有所转移，要努力扮演好“结构洞”角色，让信息能够畅通无阻地从市场到农户。

8.2 研究展望

本书从农村微型企业创业者个人社会资本视角，对农村微型企业的创业规律进行了研究。该研究在某些方面起到了完善前人研究的作用，但在某些方面还只是停留在探索层面。其研究不足主要体现在以下五个方面：①在研究农村微型企业创业者的个人社会资本对农村微型企业创业的影响时，只考虑了结构嵌入和关系嵌入，而没有考虑认知嵌入。②虽然构建出“连带关系对返乡农民工创业机会识别的相对影响力”理论模型，但是，并没有在计量模型和大样本数据基础上进行实证检验，因此它的普适性（generalizability）还有待于进一步证明。“强连带关系更具影响力”的判断来自通过扎根理论提炼的理论模型。该模型表明，外地弱连带关系仅仅“传授创业人力资本”，而本地强连带关系不仅“传授创业人力资本”，还能“承诺提供商业概念开发要件”和“展示商业模版”。同时，还存在这样一个事实——返乡农民工创业多数属于模仿型创业，对创业人力资本水平要求并不高。实际上，外地弱连带关系、本地强连带关系和返乡农民工机会识别的关系强度还需要大样本基础上的实证。③在探讨农村微型企业创业者的商业网络嵌入对创业绩效的影响时，没有对关系信任进行情感信任和认知信任的区分。④虽然构建出“农村微型企业创业者的社会资本的动态发展趋势及原因”理论模型，但该模型只提炼出农村微型企业创业者社会资本动态发展的总体趋势，并没有识别出发展过程的具体阶段以及每个阶段的发展重心。⑤本书虽然依次回答了在时间上具有先后顺序的三个问题，但是，并没有采用跟踪调查收集数据，而是就每个研究问题单独收集数据。也就是说，不可避免地会出现幸存者偏差和后视偏差的缺陷。同时，由于没有对固定样本进行追踪调查，三个问题的研究结论的内在逻辑一致性将遭到削弱。

基于以上研究不足，未来研究可以从以下几个方面得以加强。

第一，对农村社区的认知嵌入是否导致农村微型企业创业者的认知锁定，并进而影响其机会识别和创业绩效，这是以后值得探讨的问题。社会学家提出个人社会资本的三个维度：结构嵌入、关系嵌入和认知嵌入。认知嵌入，即个人和社区或集团享有共同编码和含义系统的程度（Nahapiet and Ghoshal，1998）。部分农村微型企业创业者对其所在农村社区有着深深的认知嵌入。已有研究表明，强连带关系组成的网络具有内聚性和封闭性，能导致认知锁定（Gargiulo and Benassi，1999），进而妨碍行动者适应变化工作环境的能力（Uzzi，1997）。那么，农村微型企业创业者对农村社区的认知嵌入有无可能造成其认知锁定，还值得探索。

第二，对“本地强连带关系”和“外地弱连带关系”等概念进行有效的操作化，在大样本数据调查和计量模型基础上，对“连带关系对返乡农民工创业机会识别的相对影响力”理论模型予以实证。

第三，在未来开展研究时，可以深入探讨农村微型企业创业者商业网络嵌入中，其关系信任中的情感信任和认知信任的分布如何，它们各自对创业绩效有着什么样的影响。Larson（1992）发现信任集中在两个维度：一个由社会关系方面组成，另一个由经济关系方面组成。Larson（1992）所发现的信任的这两个维度同Luhmann（1979）根据是植根于人类情感还是理性对信任进行的区分是相呼应的。当个体对关系进行情感投资，表现出对对方的福利真正关心并相信关系的内在价值时，情感信任形成；当个体只是基于所拥有的知识作出有意识的信任决策时，认知信任形成（McAllister，1995）。

第四，进一步深化“农村微型企业创业者的社会资本动态发展”的理论模型，识别出社会资本动态发展的具体阶段以及每个阶段的发展重心。

第五，未来尽可能基于跟踪调查数据来研究农村微型企业的创业活动。Reynolds 和 Miller（1992）指出跟踪调查是研究创业行为和过程的有效手段，它不仅能够避免回顾式调查固有的幸存者偏差（survival bias，即只能抽取成功者样本而观测不到失败者样本）和事后认识偏差（hindsight bias，即可能因被调查者记忆模糊或有意夸大等因素而影响调查数据的真实性），同时，它有助于把握创业过程的动态性本质和孕育活动的数量和顺序特征，因而更便于归纳提炼创业过程的规律。

参 考 文 献

白南生，何宇鹏. 2002. 回乡，还是外出：安徽四川二省农村外出劳动力回流研究. 社会学研究，(3)：64-78.

边燕杰，丘海雄. 2000. 企业的社会资本及其功效. 中国社会科学，(2)：87-99.

边燕杰. 2006. 网络脱生：创业过程的社会学分析. 社会学研究，(6)：74-88.

卜长莉. 2003. "差序格局"的理论诠释及现代内涵. 社会学研究，(1)：21-29.

蔡根女，徐峰，张小青，等. 2010. 农村微型企业创业：理论与实践之思考. 统计与决策，(23)：154-156.

蔡翔，宋瑞敏，蒋志兵. 2005. 微型企业的内涵及其理论基础. 当代财经，(12)：85-87.

曹子玮. 2003. 农民工的再建构社会网与网内资源流向. 社会学研究，(3)：99-110.

陈成文，王修晓. 2004. 人力资本、社会资本对城市农民工就业的影响：来自长沙市的一项实证研究. 学海，(6)：70-75.

陈淮. 2001. 发展非正规就业是一项战略选择. 经济纵横，(5)：52-55.

陈剑林. 2005. 我国微型企业成长中的社会资本分析. 求实，(2)：40-42.

费孝通. 1998. 乡土中国・生育制度. 北京：北京大学出版社.

福山 F. 2001. 信任：社会美德与创造经济繁荣. 彭志华译. 海南：海南出版社.

高建，姜彦福，李习保，等. 2006. 全球创业观察中国报告. 北京：清华大学出版社.

汉密尔顿. 1990. 中国社会与经济. 张维安，等译. 台湾：台湾联经出版事业公司.

黄洁，蔡根女，买忆媛. 2010. 农村微型企业创业：创业者社会资本和初创企业绩效. 中国农村经济，(5)：65-73.

金耀基. 1992. 关系和网络的建构・二十一世纪. 香港：香港中文大学中国文化研究所：150，151.

乐国林，张玉利，毛淑珍. 2006. 社会资本结构演变与我国家族企业发展演化. 社会科学辑刊，(2)：43-50.

李路路. 1995. 社会资本与私营企业家：中国社会结构转型的特殊动力. 社会学研究，(6)：46-58.

李晴，于志刚，张伟. 2009. 关系经济条件下的社会资本与农民增收. 东北农业大学学报（社会科学版），7（4）：8-11.

李艳军. 2010. 种子流通企业社会资本对其绩效影响的实证研究. 农业技术经济，(2)：15-23.

李志能. 2001. 企业创新：孵化的理论与组织管理. 上海：复旦大学出版社.

林嵩，张帏，邱琼. 2004. 创业过程的研究评述及发展动向. 南开管理评论，(3)：47-50.

刘光明，宋红远. 2002. 外出劳动力回乡创业：特征、动因及其影响：对安徽、四川两省四县 71 位回乡创业者的案例分析. 中国农村经济，(3)：65-71.

刘唐宇. 2009. 农民工回乡创业问题：研究述评与进一步研究的思路. 上饶师范学院学报，29（2）：34-38.

鲁春平，王印杰.2001. 微型企业：广阔西部大有作为. 经济论坛，(4)：11.
罗家德.2008. 组织社会资本的分类与测量. 组织与管理研究的实证方法. 北京：北京大学出版社：358-378.
马海刚，耿晔强.2008. 中部地区乡镇企业绩效的影响因素分析. 中国农村经济，(5)：56-78.
孟韬，史达.2006. 论产业集群的信任机制. 社会科学辑刊，(2)：99-103.
莫荣.2001. 发展小企业，促进中国就业. 管理世界，(5)：58-63.
秦令华，殷瑾，井润田.2010. 企业内部知识转移中个体中心度、吸收能力对绩效的影响. 管理工程学报，24（1）：5-9.
石秀印.1998. 中国企业家成功的社会网络基础. 管理世界，(6)：187-196.
唐靖，姜彦福.2008. 创业能力概念的理论构建及实证检验. 科学学与科学技术管理，(8)：52-57.
唐靖，张帏，高建.2007. 不同创业环境下的机会认知和创业决策研究. 科学学研究，(2)：328-332.
王西玉，崔传义，赵阳.2003. 打工与回乡：就业转变和农村发展：关于部分进城民工回乡创业的研究. 管理世界，(7)：99-109.
韦伯 M.1995. 儒教与道教. 王容芬，译. 北京：商务印书馆.
杨俊，张玉利.2008. 社会资本、创业机会与创业初期绩效理论模型的构建与相关研究命题的提出. 外国经济与管理，30（10）：17-24.
张茂林.1996. 农业是国民经济基础的再认识. 经济研究，(7)：54-66.
张青，曹尉.2010. 社会资本对个人网络创业绩效影响的实证研究. 研究与发展管理，22（1）：34-42.
张维迎.2006-03-13. 理性思考中国改革. 权衡，第41版.
张文宏.2003. 社会资本：理论争辩与经验研究. 社会学研究，(4)：23-35.
张玉利，陈立新.2003. 中小企业创业的核心要素与创业环境分析. 经济界，(3)：29-34.
张玉利，杨俊，任兵.2008. 社会资本、先前经验与创业机会. 管理世界，(7)：91-102.
张玉利，杨俊.2009. 试论创业研究的学术贡献及其应用. 外国经济与管理，31（1）：16-23.
张玉利，赵都敏.2009. 手段导向理性的创业行为与绩效关系. 系统管理学报，18（6）：631-637.
赵延东，王奋宇.2002. 城乡流动人口的经济地位获得及决定因素. 中国人口科学，(8)：8-15.
郑美群，蔡莉，王发银.2005. 社会资本对高技术企业绩效的作用分析. 工业技术经济. 24（2）：73-77.
周小虎，陈传明.2004. 企业社会资本与持续竞争优势. 中国工业经济，(5)：90-96.
Adler P S，Kwon S W. 2002. Social capital：prospects for a new concept. Academy of Management Review，27（1）：17-40.

Ahuja G. 2000. The duality of collaboration: Inducements and opportunities in the formation of interfirm linkages. Strategic Management Journal, 21 (3): 317-343.

Aiken L S, West S G. 1991. Multiple Regression: Testing and Interpreting Interactions. Newbury Park, CA: Sage Publications.

Aldrich H E, Rosen B, Woodward W. 1987. The impact of social networks on business foundings and profit: a longitudinal study // Churchill N, et al. Frontiers of Entrepreneurship Research. Babson, MA: Babson College: 154-168.

Aldrich H E, Zimmer C. 1986. Entrepreneurship Through Social Networks // The Art and Science of Entrepreneurship. New York: Ballinger: 3-23.

Aldrich H, Zimmer C. 1986. Entrepreneurship through social networks // Sexton D, Smilor R. The Art and Science of Entrepreneurship. Cambridge, MA: Ballinger Publishing: 3-23.

Anderson A, Miller C. 2003. Class matters: human and social capital in the entrepreneurial process. Journal of Socio-Economics, 32: 17-36.

Anheier H K, Gerhards J, Romo F P. 1995. Forms of capital and social structure in cultural fields: examining Bourdieu's social topography. American Journal of Sociology, 100: 859-903.

Ardichvili A, Cardozo R, Ray S. 2003. A theory of entrepreneurial opportunity identification and development. Journal of Business Venturing, 18 (1): 105-123.

Arenius P, De Clercq D. 2005. Anetwork: based approach on opportunity recognition. Small Business Economics, 24 (3): 249-265.

Baker T, Nelson R E. 2005. Creating something from nothing: resource construction through entrepreneurial bricolage. Admrnistrative Science Ouarterly, 50 (3): 329-366.

Barney J B, Hanson M H. 1995. Trustworthiness as a source of competitive advantage. Strategic Management Journal, 15: 175-190.

Barney J B. 1986. Organizational culture: can it be a source of sustained competitive advantage. Academy of Management Review, 11 (3): 656-665.

Barney J B. 1991. Firm resources and sustained competitive advantage. Journal of Management, 17 (1): 99-120.

Bates R. 1999. Ethnicity, capital formation, and conflict. World Bank Social Capital Initiative.

Bates T. 1990. Entrepreneur human capital inputs and small business longevity. The Review of Economics and Statistics, 72: 551-559.

Batjargal B. 2000. The dynamics of entrepreneurial networks in a transition economy: the case of Russia. University of Michigan Business School: William Davidson Institute: 1-48.

Batjargal B. 2003. Social capital and entrepreneurial performance in Russia: a longitudinal study. Organization Studies, 24: 535-556.

Batjargal B. 2007. Internet entrepreneurship: Social capital, human capital, and performance of Internet ventures in China. Research Policy, 36: 605-618.

Baum J A C, et al. 2000. Don't go it alone: alliance network composition and startups' performance in Canadian biotechnology. Strategic Management Journal, 21: 267-294.

Bhave M P. 1994. A process model of entrepreneurial venture creation. Journal of Business Venturing, 9: 223-242.

Bian Y. 1997. Bringing strong ties back in: indirect ties, network bridges, and job searches in China. American Sociological Review, 62 (3): 266-285.

Birch D L. 1979. The Job Generation Process. Unpublished report prepared by the Massachusetts Institute of Technology Program on Neighborhood and Regional Change for the Economic Development Administration, U. S. Department of Commerce, Washington.

Birley S. 1985. The role of networks in the entrepreneurial process. Journal of Business Venturing, 1 (1): 107-117.

Bosma N, et al. 2004. the value of human and social capital investments for the business performance of startups. Small Business Economics, 23 (3): 227-236.

Bourdieu P. 1977. Outline of A Theory of Practice. Cambridge, England: Cambridge University Press.

Bourdieu P. 1985. The forms of capital//Richardson J G. Handbook of theory and research for the sociology of education. New York: Greenwood: 241-258.

Brush C G, Greene P G, Hart M M. 2001. From initial idea to unique advantage: the entrepreneurial challenge of constructing a resource base. Academy of Management Executive, 15 (1): 64-78.

Bruyat C, Julien P A. 2000. Defining the field of research in entrepreneurship. Journal of Business Venturing, 16: 165-180.

Brüderl J, Preisendörfer P, Ziegler R. 1992. Survival chances of newly founded business organisations. American Sociological Review, 57: 227-242.

Brüderl J, Preisendörfer P. 1998. Network support and success of newly founded businesses. Small Business Economics, 10: 213-225.

Burt R S. 1992. Structural Holes: The Social Structure of Competition. Cambridge: Harvard University Press.

Burt R S. 1997. The contingent value of social capital. Administrative Science Quarterly, 42 (2): 339-365.

Burt R S. 2001. Structural holes versus network closure as social capital//Lin N, Cook K, Burt R S. Social Capital: Theory and Research. New York: Aldine De Gruyter.

Burt R S. 2004. Structural holes and good ideas. American Journal of Sociology, 110 (2): 349-399.

Butler J E, Phan P, Hansen G S. 1990. Strategic alliances through interorganizational networks: a path to entrepreneurial success? Frontiers of Entrepreneurship Research: 525-538.

Butler J. 1991. Toward understanding and measuring conditions of trust: evolution of a conditions of trust inventory. Journal of Management, 17 (3): 643-663.

Campbell K E, et al. 1986. Social resources and socioeconomic status. Social Networks, (8):

97-117.

Caplan B. 1999. The austrian search for realistic foundation. Southern Economic Journal, 65 (4): 823-838.

Carney M. 2005. Corporate governance and competitive advantage in family: controlled firms. Entrepreneurship: Theory & Practice, 29 (3): 249-263.

Carsrud A L, et al. 1987. Entrepreneurs: mentors, networks, and successful new venture development: an exploratory study. American Journal of Small Business, 12 (2): 13-18.

Carter N M, Gartner W B, Reynolds P D. 1996. Exploring start: up event sequences. Journal of Business Venturing, 11 (3): 151-166.

Casson M. 1982. The Entrepreneur: An Economic Theory. Oxford: Edward Elgar.

Catherine Z, Aldrich H E. 1987. Resource mobilization through ethnic networks. Sociological Perspectives, 30: 422-445.

Christian B, Julien P A. 2000. Defining the field of research in entrepreneurship. Journal of Business Review, 16: 165-180.

Churchill N C, Lewis V L. 1983. The five stages of a small business growth. Harvard Business Review, 5: 30-50.

Coase R H. 1937. The nature of the firm//Stigler G J, Boulding K E. Readings in price theory. Chicago: Irwin: 331-351.

Coleman J S. 1988. Social capital in the creation of human capital. American Journal of Sociology, 94: S95-S120.

Coleman J S. 1990. Foundations of Social Theory. Cambridge: The Belknap Press of Harvard University Press.

Cooke P. 2007. Socialcapital, embeddedness, and market interactions: an analysis of firm performance in UK regions. Review of Social Economy, 65 (4): 79-106.

Cromie S, Birley S, Callaghan L. 1992. Networking by business support agencies in northern ireland. London: Imperial College.

Das T K, Teng B. 1998. Between trust and control: developing confidence in partner cooperation in alliances. Academy of Management Review, 23 (3): 491-512.

Davidsson P, Honig B. 2003. The role of social and human capital among nascent entrepreneurs. Journal of Business Venturing, 18 (3): 301-331.

De Propis L. 2000. Innovation and interfirm cooperation: the case of the West Midlands. Economics of Innovation and New Technology, 9 (5): 421-447.

Donckels R, Lambrecht J. 1995. Networks and small business growth: an explanatory model. Small Business Economics, 7 (4): 273-289.

Dubini P, Aldrich H. 1991. Personal and extended networks are central to the entrepreneurial process. Journal of Business Venturing, 6: 305-313.

Eckhardt J T, Shane S. 2003. Opportunities and Entrepreneurship. Journal of Management, 29:

333-349.

Eisenhardt K M, Graebner M E. 2007. Theory building from cases: opportunities and challenges. Academy of Management Journal, 50 (1): 25-32.

Eisenhardt K M. 1989. Building theories from case study research. The Academy of Management Review, 14 (4): 532-550.

Elfring T, Hulsink W. 2003. Networks in entrepreneurship: the case of high-technology firms. Small Business Economics, 21 (4): 409-422.

Emily C. 2008. An Austrian perspective on its nature and development. Review of Political Economy, 20 (1): 41-58.

Erickson B H. 2001. Good networks and good jobs: the value of social capital to employers and employees//Social capital: theory and research. New York: Aldine Transaction: 127-159.

Firkin P. 2001. Entrepreneurial Capital: A Resource-based Conceptualization of the Entrepreneurial Process. Massey University: Labour Market Dynamics Research Programme, Working Paper, no. 7.

Florin J, Lubatkin M, Schulze W. 2003. A Social capital model of high: growth ventures. Academy of Management Journal, 46 (3): 374-384.

Fukuyama F. 1995. Trust: The Social Virtues and the Creation of Prosperity. New York: The Free Press.

Galbraith J. 1982. The stage of growth. Journal of Businesss Strategy, 3 (1): 70-79.

Galunic C, Moran P. 1999. Social capital and productive exchange: structural and relational embeddedness and managerial performance. London: London Business School.

Gargiulo M M, Benassi M. 1999. The dark side of social capital//Th R, Leenders A J, Gabbay S M. Corporate Social Capital and Liability. Boston: Kluwer Academic Publisher: 100-120.

Gartner W B, Carter N M, Hills G E. 2003. The language of opportunity // Steyaert C, Hjort D. New Movements in Entrepreneurship. Cheltenham, UK: Edward Elgar.

Gartner W B. 1988. "Who is an Entrepreneur" is the wrong question. American Journal of Small Business, 12 (4): 11-32.

Gartner W. 1985. A conceptual framework for describing the phenomenon of new venture creation. Academy of Management Review, 40 (10): 695-705.

Geertz C. 1978. The bazaar economy: information and search in peasant marketing. American Economic Review, 68 (2): 28-32.

Glaser B G, Strauss A L. 1967. The Discovery of Grounded Theory: Strategies for Qualitative Research. New York: Aldine Publishing Company.

Granovetter M S. 1973. The strength of weak ties. American Journal of Sociology, 78 (6): 1360-1380.

Granovetter M S. 1985. Economic action and social structure: the problem of embeddedness. The American Journal of Sociology, 91 (3): 481-510.

Granovetter M S. 1992. Problems of explanation in economic sociology // Nohria N, Eccles R G. Networks and Organizations. Boston: Harvard Business School Press: 25-56.

Grant R M. 1991. The resource-based theory of competitive advantage: implications for strategy formulation. California Management Review, 33 (3): 114-135.

Greve A, Salaff J. 2003. Social networks and entrepreneurship. Entrepreneurship: Theory and Practice, 28 (1): 1-23.

Gulati R, Higgins M C. 2003. Which ties matter when the contingent effects of interorganizational partnerships on IPO success. Strategic Management Journal, 24 (2): 127-144.

Gulati R, Nohria N, Zaheer A. 2000. Strategic networks. Strategic Management Journal, 21: 203-215.

Hansen E L, Witkowski T H. 1995. Entrepreneur involvement in international marketing: the effects of overseas social networks and self-imposed barriers to action // Hill G E, LaForge R W. Research at the Marketing/Entrepreneurship Interface: 363-367.

Hansen E L. 1995. Entrepreneurial networks and new organization growth. Entrepreneurship: Theory and Practice, 19 (4): 7-19.

Hansen M T. 1998. Combining network centrality and related knowledge: explaining effective knowledge sharing in multiunit firms. Harvard Business School Working paper.

Hansen M T. 1999. The search-transfer problem: the role of weak ties in sharing knowledge across organizational subunits. Administrative Science Quarterly, 44 (1): 82-111.

Helena Y, Autio E, Sapienza H J. 2001. Social capital, knowledge acquisition, and knowledge exploitation in young technology: based firms. Strategic Management Journal, 22 (7): 587-613.

Helfat C E, Peteraf M A. 2003. The dynamic resource- based view: capability lifecycles. Strategic Management Journal, 24 (10): 997-1010.

Herremans I M, Isaac R G. 2004. The Intellectual Capital Realization Process (ICRP): an application of the resource: based view of the firm. Journal of Managerial Issues, 16 (2): 217-231.

Hills G, Lumpkin G T, Singh R P. 1997. Opportunity recognition: perceptions and behaviors of entrepreneurs // Reynolds P, et al. Frontiers of Entrepreneurship Research. Wellesley. MA: Babson College: 203-218.

Hite J M, Hesterly W S. 2001. The evolution of firm networks: from emergence to early growth of the firm. Strategic Management Journal, 22: 275-286.

Hite J M. 2000. Patterns of multidimensionality in embedded network ties of emerging entrepreneurial firms. Paper presented at the annual meeting of theAcademy of Management, Toronto, Canada.

Hite J M. 2005. Evolutionary processes and paths of relationally embedded network ties in emerging entrepreneurial firms. Entrepreneurship: Theory and Practice, 29 (1): 113-144.

Hoang H, Antoncic B. 2003. Network-based research in entrepreneurship: a critical review. Journal of Business Venturing, 18 (2): 165-187.

Holt D H. 1992. Entrepreneurship: New Venture Creation. New Jersey: Prentice-Hall.

Hout M, Rosen H. 2000. Self-employment, family background, and race. Journal of Human Resources, 35 (4): 670-692.

Ireland R D, et al. 2001. Integrating entrepreneurship and strategic management actions to create firm wealth. Academy of Management Executive, 15 (1): 49-63.

Jack S, Dodd S D, Anderson A R. 2008. Change and the development of entrepreneurial networks over time: a processual perspective. Entrepreneurship and Regional Development, 20 (2): 125-159.

Johannisson B. 1990. Building an Entrepreneurial Career in a Mixed Economy: Need for Social and Business Ties in Personal Networks. Paper presented at Academy of Management Annual Meeting.

Johannisson B. 1996. The dynamics of entrepreneurial networks//Reynolds P, et al. Frontiers of Entrepreneurship Research. Babson College.

Johanson J, Mattsson L G. 1987. Interorganizational relations in industrial systems: a network approach compared with the transaction-cost approach. International Studies of Management & Organization, 17: 34-48.

Kale P, Singh H, Perlmutter H. 2000. Learning and protection of proprietary assets in strategic alliances: building relational capital. Strategic Management Journal, 21: 17-237.

Kan K. 2007. Residential mobility and social capital. Journal of Urban Economics, 61 (3): 436-457.

Kim P, Aldrich H. 2005. Social capital and entrepreneurship. Foundations and Trends in Entrepreneurship, 1: 1-64.

Kirzner. 1997. Entrepreneurial discovery and the competitive market process: an Austrian approach. The Journal of Economic Literature, 35: 60-85.

Koka B, Madhavan R, Prescott J. 2006. The evolution of interfirm networks: environmental effects on patterns of network change. Academy of Management Review, 31 (1): 721-737.

Kosko B. 1988. Bidirectional associative memory. IEEE Transactions on SMC, 18 (1): 49-60.

Krackhardt D, Hanson J R. 1993. Informal networks: the company behind the chart. Harvard Business Review, 71 (4): 104-111.

Krackhardt D. 1992. The strength of strong ties: the importance of philos in organizations//Nohria N, Eccles R. Networks and organizations: Structure, form, and action. Cambridge, MA: Harvard University Press: 216-239.

Lai G, Lin N, Leung S. 1998. Network resources, contact resources and status attainment. Social Networks, 20: 159-178.

Larson A, Starr J. 1993. A network model of organization formation. Entrepreneurship: Theory and Practice, 17 (2): 5-15.

Larson A. 1990. Partner networks: leveraging external ties to improve entrepreneurial performance. Frontiers of Entrepreneurship Research, 6 (3): 539-553.

Larson A. 1992. Network dyads in entrepreneurial settings: a study of the governance of exchange relationships. Administrative Science Quarterly, 37 (1): 76-104.

Larson D W, Shaw T K. 2001. Issues of microenterprise and agricultural growth: do opportunities exist through forward and backward linkages? Journal of Developmental Entrepreneurship, 6 (3): 203-220.

Lechner C, Dowling M. 2003. Firm networks: external relationships as sources for the growth and competitiveness of entrepreneurial firms. Entrepreneurship and Regional Development, 15 (1): 1-26.

Lin N, Dumin M. 1986. Access to occupations through social ties. Social Networks, 8 (4): 365-385.

Lin N. 1982. Social resources and instrumental action // Social Structure and Network Analysis. Thousand Oaks, CA: Sage Publications: 131-145.

Lin N. 1983. Social resources and social actions: a progress report. Connections, 6: 10-16.

Lin N. 1999. Social networks and status attainment. Annual review of Sociology, 25 (1): 467-487.

Lin N. 2001. Social Capital: A Theory of Social Structure and Action. Cambridge: Cambridge University Press.

Lorenzoni G, Lipparini A. 1999. The leveraging of interfirm relationships as a distinctive organizational capability: a longitudinal study. Strategic Management Journal, 20 (4): 317-338.

Luhmann N. 1979. Trust and Power. Chi Chester: Wiley.

Luo J D. 2005. Particularistic trust and general trust: a network analysis in Chinese organizations. Management and Organizational Review, 3: 437-458.

Ma H, Tan J. 2006. Key components and implications of entrepreneurship: a 4- P framework. Journal of Business Venturing, 21 (5): 704-725.

Ma R, Huang Y C. 2008. Social network and opportunity recognition: a cultural perspective. Academy of Management Proceedings: 1-6.

Maurer I, Ebers M. 2006. Dynamics of social capital and their performance implications: lessons from biotechnology start-ups. Administrative Science Quarterly, 51: 262-292.

McAllister D J. 1995. Affect and cognition-based trust as foundations for interpersonal cooperation in organizations. Academy of Management Journal, 38 (1): 24-59.

McEvily B, Zaheer A. 1999. Bridging ties: a source of firm heterogeneity in competitive capabilities. Strategic Management Journal, 20: 1133-1156.

McGee J E, Dowling M J, Megginson W L. 1995. Cooperative strategy and new venture performance: the role of business strategy and management experience. Strategic Management Journal, 16: 565-580.

Mintzberg H. 1979. An emerging strategy of direct research. Administrative Science Quarterly, 24 (4): 582-589.

Mishra A K. 1996. Organizational response to crisis: the centrality of trust//Kramer R M, Tyler T R. Trust in Organizitions. Thousand Oaks, CA: Sage Publications: 261-287.

Moran P. 2005. Structural vs. relational embeddedness: social capital and managerial performance. Strategic Management Journal, 26: 1129-1151.

Möller K, Rajala A. 2007. Rise of strategic nets: new modes of value creation. Industrial Marketing Management, 36 (7): 895-908.

Nahapiet J, Ghoshal S. 1998. Social capital, intellectual capital and the organizational advantage. Academy of Management Review, 23 (2): 242-266.

Nelson R E. 1989. The strength of strong ties: Social networks and intergroup conflict in organizations. Academy of Management Journal, 32: 377-401.

Oh H, Chung M H, Labianca G. 2004. Group social capital and group effectiveness. Academy of Management Journal, 47: 860-875.

Ostgaard T A, Birley S. 1994. Personal networks and firm competitive strategy: a strategic or coincidental match? Journal of Business Venturing, 9 (4): 281-305.

Ostgaard T A, Birley S. 1996. New venture growth and personal networks. Journal of Business Research, 36 (1): 37-50.

Pages E, Garmise S. 2003. The power of entrepreneurial networking: creating and nurturing networks. Economic Development Journal, 2 (3): 20-30.

Parkhe A, Wasserman S, Ralston D. 2006. New frontiers in network theory development. Academy of Management Review, 31 (3): 560-568.

Peng M W, Luo Y D. 2000. Managerial ties and firm performance in a transition economy: the nature of a micro-Macro link. Academy of Management Journal, 43 (3): 486-501.

Peng Y S. 2004. Kinship networks and entrepreneurs in China's transitional economy. American Journal of Sociology, 109 (5): 1045-1074.

Pennings J M, Lee K, van Witteloostuijn A. 1998. Human capital, social capital, and firm dissolution. Academy of Management Journal, 41 (4): 424-440.

Penrose E T. 1959. The Theory of the Growth of the Firm. Oxford: Blackwell.

Perry-Smith J E, Shalley C E. 2003. The social side of creativity: a static and dynamic social network perspective. Academy of Management Review, 28 (1): 89-106.

Peteraf M A. 1993. The cornerstones of competitive advantage: a resource-based view. Strategic Management Journal, 14: 179-191.

Pfeffer J, Salancik R. 1978. The External Control of Organizations: A Resource Dependence Perspective. NewYork: Harper and Row.

Porter M E. 1980. Competitive Strategy. New York: The Free Press.

Portes A. 1995. The Economic Sociology of Immigration. New York: Russell Sage Foundation.

Portes A. 1998. Social capital: its origins and applications in modern sociology. Annual Review of Sociology, 24: 1-24.

Putnam R D. 1993. The Prosperous Community: Social Capital and Public Life. American Prospect 13.

Putnam R D. 1995. Bowling alone: America's declining social capital. Journal of Democracy, 6 (1): 65-78.

Reed K K, Srinivasan N, Doty D. 2009. Adapting human and social capital to impact performance: some empirical findings from the U. S. personal banking sector. Journal of Managerial Issues, 21 (1): 36-57.

Reese P, Aldrich H. 1995. Entrepreneurial networks and business performance: a panel study of small and medium: sized firms in the research triangle//Birley S, Macmillan I. International Entrepreneurship. London: Routledge: 124-144.

Reynolds P, Miller B. 1992. New firm gestation: conception, birth, and implications for research. Journal of Business Venture, 7: 405-417.

Rowley T J, Behrens B, Krackhardt D. 2000. Redundant governance structures: an analysis of structural and relational embeddedness in the steel and semiconductor industries. Strategic Management Journal, 21: 369-386.

Sahlman W A. 1999. Some thoughts on business plan: the entrepreneurial venture. Academy of Management review, 10 (4): 696-705.

Samuelsson M. 2004. Creating New Ventures: A Longitudinal Investigation of the Nascent Venturing Process. Jonkoping International Business School, Doctoral dissertation, Sweden.

Sanders J M, Nee V. 1996. Immigrant self-employment: the family as social capital and the value of human capital. American Sociological Review, 61 (2): 231-249.

Sarasvathy S D, et al. 2003. Handbook of Entrepreneurship Research. Britain: Kluwer Academic Publishers: 141-160.

Sarasvathy S D. 2001. Causation and effectuation: toward a theoretical shift from economic inevitability to entrepreneurial contingency. Academy of Management Review, 26 (2): 243-263.

Sarasvathy S D. 2008. Effectuation: Elements of Entrepreneurial Expertise. Northampton, MA and Cheltenham: Edward Elgar.

Saxenian A. 1991. The origins and dynamics of production networks in Silicon Valley. Research Policy, 20 (5): 423-437.

Schumpeter O A. 1934. The Theory of Economic Development. Boston, MA: Harvard University Press.

Seibert S M, Kraimer M L, Liden R G. 2001. A social capital tbeory on career success. Academy of Management Journal, 44 (2): 219-237.

Selznick P. 1957. Leadership in Administration. New York: Harperand Row.

Shane S, Venkataraman S. 2000. The promise of entrepreneurship as a field of research. Academy of Management Review, 25 (1): 217-226.

Shane S. 2003. A General Theory of Entrepreneurship: The Individual-Opportunity Nexus. Cheltenham, UK: Edward Elgar.

Shaver K C, Scott L R. 1991. Person, process, choice: the psycology of new venture creation. Entrepreneurship Theory and Practice, 16 (2): 23-42.

Simon H A. 1976. AdministrativeBehavior. New York: Free Press.

Singh R P, et al. 1999. Opportunity recognition through social network characteristics of entrepreneurs // Reynolds P, et al. Frontiers of Entrepreneurship Research. Wellesley, MA: Babson College.

Singh R P, et al. 2003. The Entrepreneurial opportunity recognition process: examining the role of self-perceived alertness and social networks. Journal of Business Venturing, 18 (1): 105-123.

Siu W, Bao Q. 2008. Network strategies of small chinese high-technology firms: a qualitative study. Journal of Product Innovation Management, 25 (1): 79-102.

Smith D A, Lohrke F T. 2008. Entrepreneurial network development: trusting in the process. Journal of Business Research, 61 (4): 315-322.

Spender J C. 1996. Making knowledge the basis of a dynamic theory of the firm. Strategic Management Journal, 17 (S2): 45-82.

Stam W, Elfring T. 2008. Entrepreneurial orientation and new venture performance: the moderating role of intra: and extraindustry social capital. Academy of Management Journal, 51 (1): 97-111.

Stevenson H H, Jarillo J A. 1990. Paradigm of entrepreneurship: entrepreneural management. Strategic Management Journal, 11 (4): 17-27.

Stiegler G. 1952. The Theory of Price. New York: MacMillan.

Strauss A L, Corbin J M. 1998. Basics of qualitative research: Grounded Theroy Procedures and Techniques. Thousand Oaks, CA: Sage Publications.

Stuart T, Hoang H, Hybels R. 1999. Interorganizational endorsement and the performance of entrepreneurial ventures. Administrative Science Quarterly, 44 (2): 315-349.

Timmons J A. 1999. New venture creation. Singapore: Irwin McGrawhill.

Tornikoski E, Newbert S. 2007. Personal networks, networking activity, and organizational emergence. Frontiers of Entrepreneurship Research, 27 (7): 1-14.

Tsai W, Ghoshal S. 1998. Social capital and value creation: the role of intrafirm networks. Academy of Management Journal, 41: 464-478.

Uzzi B. 1996. The sources and consequences of embeddedness for the economic performance of organisations: the network effect. American Sociological Review, 61 (4): 674-698.

Uzzi B. 1997. Social structure and competition in interfirm networks: the paradox of embeddedness. Administrative Science Quarterly, 42: 35-67.

Uzzi B. 1999. Embeddedness in the making of financial capital: how social relations and networks benefit firms seeking financing. American Sociological Review, 64: 481-505.

Van de Ven A H, Hudson R, Schroeder D M. 1984. Designing new business start-ups: entrepreneurial, organizational, and ecological considerations. Journal of Management, 10: 87-107.

Van de Ven A H, Poole M S. 2005. Alternative approaches for studying organizational change. Organization Studies, 26 (9): 1377-1404.

Weber M. 1951. The Religion of China: Conf ucianism and Taoism. New York: The Free Press.

Webster L, Charap J. 1993. The emergence of private sector manufacturing. St. Petersburg, Technical paper no. 228. Washington D. C: the World Bank.

Wegloop P. 1995. Linking firm strategy and government action: towards a resourcebased perspective on innovation and technology policy. Technology In society, 17 (4): 413-428.

Welbourne T M, Andrews A O. 1996. Predicting performance of initial public offerings: should human resource management be in the equation? Academy of Management Journal, 39: 891-919.

Wernerfelt B. 1984. The resource: based view of the firm. Strategic Management Journal, 5 (2): 171-180.

Western B. 1994. Institutional mechanisms for unionization in sixteen OECD countries: an analysis of social survey data. Social Forces, 73 (2): 497-519.

Wickham P A. 1998. Strategic Entrepreneurship. New York: Pitman Publishing.

Wu W P, Leung A. 2005. Does a micro-macro link exist between managerial value of reciprocity, social capital and firm performance: The case of SMEs in China. Asia Pacific Journal of Management, 22 (4): 445-463.

Yin R K. 2003. Case study research, design and methods. Newbury Park: Sage Publications.

Yli-Renko H, Autio E, Sapienza H J. 2001. Social capital, knowledge acquisition, and knowledge exploitation in young technology: based firms. Strategic Management Journal, 22 (6/7): 587-613.

Zahra S A, Ireland D, Hitt M A. 2000. International expansion by new venture firms: international diversity, mode of market entry, technological learning, and performance. Academy of Management Journal, 43 (5): 925-950.

Zimmer C, Aldrich H. 1987. Resource mobilization through ethnic networks. Sociological Perspectives, 30 (4): 422-446.

附　　录

附录1：典型访谈内容的初始编码和轴心编码

主轴1：事件——机会识别

打工工作时间太长，钱也不多，外面开销也大，长期做一件事觉得烦，想换个工作也不那么容易（4-1-1~5 事件），不如回来自己创业（4-1-6 机会识别）。

主轴2：事件——机会识别

打工时在外面漂泊，没有固定的住处，很不喜欢这样的生活（3-1-1~3 事件）。回来开店其实收入差不多，甚至还少点，但生活安稳些（3-1-4~6 机会识别）。

主轴3：事件——机会识别

现在在外面搞建筑不简单，打工就是赚个辛苦钱。当老板的也很难，比如赚10 000元，到手的并没有10 000元，可能只有四五千元，而且欠账的多，总之名堂太多了（1-1-1~12 事件）。回来做这个行业，虽然没有赚得太多，但很踏实（1-1-12、13 机会识别）。

主轴4：消极态度（不信任打工认识的人）——外地弱连带关系断裂、本地强连带关系——展示商业模版

没有联系（1-4-1 外地弱连带关系断裂）。在外面打工，人与人不可能有很深的信任（1-4-2~3 不信任打工认识的人）。我现在开出租，三五块钱地赚，比较踏实（1-4-3~6 满意目前状况）。我有朋友是开出租的（1-4-7 本地强连带关系）。开出租不需要太多社会关系，只要遵规守纪，就会比较顺利（1-4-8~15 展示商业模版）。

主轴5：消极态度（打工认识的人资源贫乏、打工认识的人具有地域局限性）——外地弱连带关系断裂

一般的人没有什么联系（3-4-1 弱连带关系断裂），接触的都是些民工（3-4-2 打工认识的人资源贫乏）。离得又远，我们店的东西卖不到太远的地方（3-4-3 ~4 打工认识的人具有地域局限性）。

主轴6：消极态度（不信任打工认识的人）——外地弱连带关系断裂

偶尔跟他们会有联系，比较好的朋友之间问候一下（4-4-1 ~2 与弱连带关系保持联系），但开店是自己的事情，不需要跟谁联系（4-4-3 ~4 不信任打工认识的人）。

主轴7：消极态度（不信任打工认识的人）——外地弱连带关系断裂、外地弱连带关系——赋予创业人力资本（传授社会经验）

做工时，一天一付工资，人员流动性较大，彼此之间不会很熟（8-2-1 ~4 不信任打工认识的人）。回来后基本没什么联系（8-2-5 外地弱连带关系断裂）。不过，跟着别人做事（8-2-6 外地弱连带关系），还是有点好处的，比如可以学一些社会知识（8-2-7 ~9 传授社会经验）。

主轴8：本地强连带关系——展示商业模版——机会识别、本地强连带关系——赋予创业人力资本（传授创业行业技术）

这个车原先是亲戚开着的（1-4-1 本地强连带关系），后来转给我做（1-4-2 机会识别）。他不想跑，觉得累，就叫我跑，我年轻些（1-4-3 ~8 展示商业模版）。他会修车，车坏了，他可以教我修，比较方便（1-4-9 ~11 传授创业行业技术）。

主轴9：本地强连带关系——承诺提供商业概念开发要件（即承诺或隐性承诺提供合法性保护）——机会识别

哥哥、姐姐的生活条件可以（3-4-1 本地强连带关系），可以赞助点（3-4-2 承诺（或隐性承诺）提供生产要素），自己打工也有点积蓄（3-4-3 自有资金）。我在家开店，有朋友好办事（3-4-4 ~6 承诺（或隐性承诺）提供合法性保护）。我哥哥、姐姐在北京做生意比较顺利，我在老家做生意会遇到种种地方性问题（3-4-7 ~11 本地风气不好）。通过朋友，管理费和税就适当要少些，否则就会增加经营成本（3-4-12 ~15 承诺（或隐性承诺）提供合法性保护）。总之，本地开店要有人照应着（3-4-16 ~17 机会识别）。

主轴10：本地强连带关系——承诺提供商业概念开发要件（承诺或隐性承诺提供生产要素、提供情感支持）

家里人还是比较支持的（4-4-1 提供情感支持），包括租这个门面，家里都资助（4-4-2 ~3 承诺（或隐性承诺）提供生产要素）。

主轴11：本地强连带关系——承诺提供商业概念开发要件（承诺或隐性承诺提供生产要素、市场要素）

我父母年纪轻（10-4-1 本地强连带关系），地啊、小孩啊，可以帮我们照料（10-4-2 ~5 承诺或隐性承诺提供生产要素）。爸爸在修车方面也可以帮点忙（10-4-6 承诺或隐性承诺提供生产要素）。我们修理的主要是附近的车子（10-4-7 本地强连带关系），而枫林镇那边有修理站，他们是不可能来我这里修车的（10-4-8 ~10 承诺或隐性承诺提供市场要素）。

主轴12：本地强连带关系——承诺提供商业概念开发要件（承诺或隐性承诺提供市场要素）——机会识别

我岳父是做电工的（13-4-1 本地强连带关系），也开着这种店（13-4-2 展示商业模版）。岳父开始时带着我做这个店（13-4-3 机会识别）。需要维修的话，岳父可以去，我以前做车工不太懂电（13-4-4 ~6 承诺或隐性承诺提供生产要素——机会识别）。外面积攒的社会关系在外面，现在主要靠岳父的关系，他在家里人缘好（13-4-7 ~9 本地强连带关系），别人有水电方面的事情，都找他（13-4-10 ~11 承诺或隐性承诺提供市场要素）。

主轴13：本地强连带关系——承诺提供商业概念开发要件（承诺或隐性承诺提供市场要素）

日杂竞争激烈（14-4-1 竞争激烈），而我们家族规模大（14-4-2 本地强连带关系），我的生意主要来自大家族成员（14-4-3 ~4 承诺或隐性承诺提供市场要素）。

主轴14：外地弱连带关系——赋予创业人力资本（传授创业行业技术）——机会识别

别人一般不会手把手地教你（1-4-1 外地弱连带关系），做泥瓦工也不是什么难事，看别人的搞法自己学（1-4-2 ~3 干中学）。在外面混主要是体力劳动，不复杂（1-4-4 ~5 传授非创业行业技术）。我打工时开过翻斗车，跟工友学的（1-4-6 ~7 传授创业行业技术），后来又开了别人的面包车，前年考了驾照（1-4-8～9 传授创业行业技术）。不会开车，就干不了出租（1-4-10～11 机会识别）。

主轴 15：外地弱连带关系——赋予创业人力资本（传授创业行业技术、干中学、传授社会经验、传授管理经验）——机会识别

在打工的工厂里（3-4-1 外地弱连带关系），别人偶尔教你一点点电工知识（3-4-2 传授创业行业技术），主要还是靠自己领悟，怎么管理、怎么让民工听话（3-4-3～5 干中学、传授管理经验）。自己开店也需要管理知识（3-4-6 机会识别）。打工时学到的一些基本的社会知识还是用得着的（3-4-7～8 传授社会经验）。

主轴 16：外地弱连带关系——赋予创业人力资本（传授社会经验、干中学）——机会识别

在深圳电器厂做工的时候，朋友都是天南地北的（4-4-1～2 外地弱连带关系），学了些社会知识（4-4-3 传授社会经验）。专业知识却没学得很好，总是做一个简单工种，很多东西都是自己钻研的（4-4-4～6 干中学）。在社会上混几年，多少长见识些（4-4-7～8 传授社会经验），这对自己开店很有帮助（4-4-9 机会识别）。

主轴 17：外地弱连带关系——赋予创业人力资本（干中学、传授社会经验、传授创业行业技术）——机会识别

外面的人一般不会教自己太多知识（13-4-1 外地弱连带关系），还要靠多看、多问，车工手艺主要靠自己钻研（13-4-2～3 干中学），不过，与人打交道的知识还是学了一些（13-4-4 传授社会经验）。在外面的这些年总结的社会经验，对自己创业有好处（13-4-5 机会识别），人的认识水平高些（13-4-6 传授社会经验），另外，技术掌握了（13-4-7 传授创业行业技术），干什么事都容易些（13-4-8 机会识别）。

附录 2：结构型调查问卷一

1. 开本店的年数：______________。（超过 1 年的就免于调查）

2. 您的地址：________省________县________乡（镇）__________村。家庭人口数________，拥有耕地（包括菜园）__________亩，年龄________。

3. 性别：（　　　）　　A. 男　　B. 女

4. 婚姻状况：（　　　　）　　A. 已婚　　B. 未婚

5. 在创办您目前的事业之前，您进行过几次创业？______每次创业持续的时间有多长？

第一次从__________年至____________，主要做______________；

第二次从__________年至____________，主要做______________；

第三次从__________年至____________，主要做______________；

第四次从__________年至____________，主要做______________。

6. 店面人数（　　）。

A. 只有本人在做　　B. 夫妻两人做　　C. 请1～2个外人

D. 请3～5个外人　　E. 请6～9个外人

7. 您打算创业时，自己已经拥有或者能够别人那里得到足够的资源。

A. 是　　B. 否

8. 您打算创业时，非常清楚自己要去做什么事情以及如何去做。

A. 是　　B. 否

9. 在您打算创业时，您的亲戚和朋友当中，能够借钱给您、提供劳动力或者提供土地等生产资料的人有几个？

A. 0个　　B. 1个　　C. 2个　　D. 3个　　E. 4个以上

10. 在您打算创业时，您的亲戚或朋友当中，已经创业的人有几个？

A. 0个　　B. 1个　　C. 2个　　D. 3个　　E. 4个以上

11. 在您打算创业时，在您的亲戚和朋友当中，是企业或金融机构职员、公务员的有几个？

A. 0个　　B. 1个　　C. 2个　　D. 3个　　E. 4个以上

12. 在您打算创业时，您的熟人当中，已经创业的人有几个？

A. 0个　　B. 1个　　C. 2个　　D. 3个　　E. 4个以上

13. 在您打算创业时，您的熟人当中，是企业或金融机构职员、公务员的有几个？

A. 0个　　B. 1个　　C. 2个　　D. 3个　　E. 4个以上

14. 在您打算创业时，能够给您提供咨询的熟人有几个？

A. 0个　　B. 1个　　C. 2个　　D. 3个　　E. 4个以上

附录3：结构型调查问卷二

1. 开本店的年数：____________。（超过8年的就免于调查）

2. 您的地址：_______省_______县_______乡（镇）_________村。家

庭人口数________，拥有耕地（包括菜园）__________亩，年龄________。

3. 性别：(　　　　)　　A. 男　　B. 女

4. 婚姻状况：(　　　　)　　A. 已婚　　B. 未婚

5. 经营内容：____________________。

6. 店面人数（　　）。

A. 只有本人在做　　B. 夫妻两人做　　C. 请1～2个外人

D. 请3～5个外人　　E. 请6～9个外人

7. 开这个店面之前做什么？(　　)（选B、D的，接问题10）

A. 打工（本地、外地均可）　　B. 种地

C. 开其他店　　D. 念书

8. 打过几次工？________次（没有打过工的跳过此问题）

第一次从____________年至______________，主要做________________；

第二次从____________年至______________，主要做________________；

第三次从____________年至______________，主要做________________；

第四次从____________年至______________，主要做________________。

9. 为什么不打工，而转向开店？(　　　)（可以多选；没有打过工的跳过此问题）

A. 找不到打工的机会

B. 打工收入太少，养活不了自己和家人

C. 打工太辛苦，身体吃不消

D. 打工不自由

E. 打工的工作枯燥，觉得腻烦

F. 不喜欢在外漂泊的生活

G. 照顾家庭

H. 自家有门面，不开店浪费

I. 想做一番事业

10. 为什么不种地，而要想着开店呢？(　　　)（可以多选）

A. 地太少，养活不了全家，开店为了求生存

B. 土地被征用，无地可种，不得不开店

C. 种地赚钱比较少，开店也许有更好的机会，赚更多的钱

D. 开店和种地赚钱差不多，但开店比种地轻松多了

E. 不想当农民，想当老板

11. 在开本店之前，开过哪些店面：____。一共______种。（开本店之前没有开过其他店面的跳过

此问题）

12. 您开店的时候，为什么唯独选择经营这个内容呢？（　　　　）（可以多选）

A. 自己想到的，没钱，做这个不需要很大本钱

B. 跟打工经历有关系，熟悉这个行当

C. 根据市场需要，慢慢就选择做这个

D. 有亲戚和朋友介绍我做

E. 熟人介绍我做的

F. 祖传的

G. 在政府或企业支持下做的

13. 打工所学的社会经验对店面的经营重要吗？（　　　　）

A. 非常重要　　B. 比较重要　　C. 不重要

14. 打工过程中所结识的朋友，一年中能给店面带来多少笔生意？（　　　　）

A. 0 笔　　B. 10 笔以下　　C. 大于 11 笔

15. 和附近村民（或居民）的关系好坏对店面的经营重要吗？（　　　　）

A. 非常重要　　B. 比较重要　　C. 不重要

16. “受教育年限越高，店面就开的越好”，对这句话，您的态度是（　　　　）。

A. 高度认同　　B. 有些道理　　C. 不认同

17. 在开店过程中，打工所学的手艺或技能用得上吗？（　　　　）

A. 非常需要　　B. 有点关系　　C. 不需要

18. 开店的资本来自（　　　　）。（可以多选）

A. 打工所得　　B. 银行贷款　　C. 私人贷款

D. 种地所得　　E. 向亲戚朋友借的　　F. 以前开其他店面所得

19. 您认为工商税务部门的税费政策公平合理吗？（　　　　）

A. 非常不公平合理　　B. 不公平合理　　C. 一般

D. 比较公平合理　　E. 非常公平合理

20. 您读书的年限是________年。

21. 您对目前“给自己当老板”的生活状况满意吗？（　　　　）

A. 非常满意　　B. 满意　　C. 比较满意

D. 有点满意　　E. 不满意

22. 镇子上（或村子里）和您做同样生意的大约有几家？（　　　　）

A. 11 家以上　　B. 8 ~10 家　　C. 5 ~7 家

D. 2 ~4 家　　E. 独此一家，没有竞争

23. 您觉得如果想把生意做好，应该对周围的村民（或居民）做到（　　　　）。

A. 百分之百的诚实　B. 基本诚实
C. 大部分实话，有所保留　D. 只说一些实话
E. 顾客很狡猾，所以不值得诚实

24. 对开这个店面所需要的知识和技能，您感觉（　　）。
A. 差得远，有点力不从心
B. 勉强够用　C. 基本上够用
D. 刚好　E. 完全不在话下

25. 您会长久在这里开店吗？（　　）
A. 肯定会一直开下去
B. 一直开下去的可能性很大
C. 说不准
D. 过几年会转行
E. 最近会转行

26. “我不会占周围村民或居民的便宜，为他们着想也就是为自己着想”，对此，您的看法是（　　）。
A. 完全同意　B. 同意　C. 基本上同意
D. 只有少数时候是这样的　E. 不同意

27. 您的家族在本地影响力大吗？（　　）
A. 非常大　B. 大　C. 比较大
D. 中等　E. 没什么影响力

28. 在您的亲戚和朋友当中，如果没有了他（她）的帮助，您这个店的经营将受到很大影响，这样的人有几个？（　　）
A. 0 个　B. 1 人　C. 2 人
D. 3 人　E. 4 人以上

29. 总体来说，周围村民（或居民）对您是（　　）。
A. 完全信任　B. 信任　C. 比较信任
D. 有点信任　E. 不太信任

30. 您的亲戚或朋友当中开店的人数有？（　　）
A. 0 个　B. 1 个　C. 2 个
D. 3 个　E. 4 个以上

31. 在您的亲戚和朋友当中，是公务员或金融机构职员的有多少位？（　　）
A. 0 个　B. 1 人　C. 2 人
D. 3 人　E. 4 人以上

32. 您家孩子读书的费用有多少来自开店收入？（　　）

A. 全部靠开店　　　B. 大部分来自开店　　　C. 一半来自开店
D. 少部分来自开店　　　E. 不依靠开店

33. 给您介绍销售生意的交往不多的熟人有（　　）？
A. 没有这样的人　　　B. 1～3 个　　　C. 4～6 个
D. 7～9 个　　　E. 10 个以上

34. 给您提供有关进货方面的信息的交往不多的熟人有（　　）？
A. 没有这样的人　　　B. 1～2 个　　　C. 3～4 个
D. 5～6 个　　　E. 7 个以上

35. 您家盖房子的费用有多少来自开店收入？（　　）
A. 全部靠开店　　　B. 大部分来自开店　　　C. 一半来自开店
D. 少部分来自开店　　　E. 不依靠开店

36. 店面一年的纯收入大概有多少？（　　）
A. 1 万元以下　　　B. 1 万～2 万元　　　C. 2 万～3 万元
D. 3 万～4 万元　　　E. 4 万元以上

附录 4：半结构型调查问卷一

筛选型面试题项：①是否是农民？②创业前是否在外地（外县即可）打工？③何时开店？只有对前两个问题回答“是”，且对第三个问题的回答在 2007 年 6 月 15 日之后的受访者才是进一步接受半结构型访谈的对象。

结构型问题：

1. 您的地址：________省________县________乡（镇）________村。家庭人口数________，拥有耕地（包括菜园）________亩，年龄________。
2. 性别：（　　）　　　A. 男　　　B. 女
3. 婚姻状况：（　　）　　　A. 已婚　　　B. 未婚
4. 经营内容：____________________。
5. 店面人数（　　）。

A. 只有本人在做　　　B. 夫妻两人做　　　C. 请 1～2 个外人
D. 请 3～5 个外人　　　E. 请 6～9 个外人

开放式提问：

1. 放弃打工的原因是什么？
2. 返乡后，跟打工认识的熟人有联系吗？打工认识的熟人对你选择这个行当有什么样的影响和帮助？

3. 返乡后，亲戚朋友或者同学对你选择这个行当有什么影响和帮助？

4. 打工时认识的熟人有没有教给你一些东西，这些东西对你选择这个行当有帮助吗？

附录5：半结构型调查问卷二

筛选型面试题项：①是否是农民？②何时开店？只有对第一个问题回答“是”，且对第二个问题的回答在2002年8月之后的受访者才是进一步接受半结构型访谈的对象。

结构型问题：

1. 雇工人数：________。（超过9人的就免于调查）

2. 在开始该项创业之前，有没有进行过其他创业？（回答是“有”的，免于调查）

3. 您的年龄________；性别______。

4. 婚姻状况：（　　　）A. 已婚　　　B. 未婚

5. 经营内容：________________。

6. 您店面的产品或服务的销售对象主要是（　　）。

A. 本村镇　　　B. 本村镇和邻村镇　　　C. 全县

7. 您店面每年的创业收入有多少（　　）？

A. 2万元以下　　　B. 有3万~4万元　　　C. 有4万元以上

8. 在本地，您店面的产品或服务的竞争对手大概有多少家？（　　）。

A. 1~2家　　　B. 3~5家　　　C. 6家以上

开放式提问：

1. 您目前对店面的要求是什么，是求生活，还是希望它进一步成长得更大一些？

2. 您认为社会关系对您的店面的生存而言，重要吗？

3. 请您回忆一下，从您的店面创建开始到现在，您都建立了哪些对店面来说非常重要的新关系？这些关系为什么重要？

4. 请您描述一下新建立关系的联系频率和感情投入程度。

5. 您认为为了店面的生存，有必要花费很多的时间和金钱建立一些联系频繁、感情亲密的关系吗？为什么？

6. 您认为为了店面的生存，有必要花费不太多的时间和精力，多认识些熟人吗？为什么？

7. 店面的顾客中，回头客占多少，他们为什么会信任你？

8. 您认为需要和客户和供应商建立某种信任吗？为什么？如何建立？

9. 您认为需要和政府的人建立某种信任吗？为什么？如何建立？

10. 您认为需要和本地人建立某种信任吗？为什么？如何建立？

11. 顾客和供应商信任你的最主要原因是什么？

12. 本地人信任你，最主要的原因是什么？

13. 政府人员信任你，最主要的原因是什么？

附录6：农村微型企业创业者的商业网络嵌入对创业绩效影响（英文版）

Rural Micro-enterprises: Entrepreneurs' Social Capital and Performances of Start-ups

Abstract

Purpose—The paper aims to clarify the relationship between entrepreneurs' social capital and performances of start-ups in Rural Micro-enterprises (RMEs).

Methodology—An empirical analysis is applied to disclose how entrepreneurs' social capital affects on performances of start-ups in RMEs by using a moderated multiple regression model (MMR).

Findings—The paper shows that Business Network Embeddedness (BNE) of RMEs' entrepreneurs is an important predictor to performances of start-ups. On one hand, the structural embeddedness of BNE makes a complicated impact on start-ups' performances and, among which, strong ties make positive impacts but weak ties make no significant impact. On the other hand, the relational embeddedness of BNE makes a significantly active impact on start-ups' performances. Simultaneously, innovativeness of opportunities moderates the relationship between BNE of RMEs' entrepreneurs and start-ups' performances.

Practical implications—The paper implies that, as for RMEs' entrepreneurs, ①relatives and friends are very critical resources to depend on to improve start-ups' performances; ②they should focus on the building of active relational trust with relatives, friends and acquaintances that facilitate their businesses; ③they should form and use acquaintances to exploit opportunities with high-opportunity-innovativeness, while they also should be on guard against selling goods to acquaintances when opportunities having low-opportunity-innovativeness; ④the more novelty the opportunities have, the more consciously should RMEs' entrepreneurs foster relational trust with their relatives, friends and acquaintances to overcome the uncertainty.

Social implications—This paper can provide a theoretical guidance and empirical evidence for RMEs' entrepreneurs to utilize their social capital to increase start-ups' performances and to improve their livelihood.

Research limitations/implications—The research limitations lie in two respects. One is that the paper just discusses structural embeddedness and relational embeddedness but ignores cognitive embeddedness when decomposing BNE of RMEs' entrepreneurs. Another one is that the data used in the paper is cross-sectional data but not longitudinal data. Future research should build a more detailed theoretical model and use a follow-up survey to get a longitudinal data.

Originality/value—At the first place, the paper focuses on both structural dimension and relational dimension of RMEs' entrepreneurs' social capital. At the second place, it pays a special attention to Business Network Embeddedness (BNE) of RMEs' entrepreneurs, which is dynamically developed by entrepreneurs to adapt to constant changes of resource needs and challenges. At the third place, it addresses the contingent value of social capital considering the moderating role of innovativeness of entrepreneurial opportunities.

Keywords: Rural Micro-enterprises (RMEs), Social Capital, Start-ups, Performances

1 Introduction

Rural Micro-enterprises (RMEs) are the most important carriers for Chinese farmers to carry on entrepreneurship. The solution of a set of problems, such as increasing farmers' income, dredging rural excessive labor shifting and accelerating rural areas' urbanization, is inherently related with the improvement of RMEs' performance. How to define RMEs? Different countries—American, France, Philippine, Vietnam, Japan, Asian Development Bank and European Union have given different definitions. Some Chinese researchers also have explored the definition of RMEs profitably (Mo Rong, 2001; Cai Xiang et al., 2005). Referring to the previous research fruits and Larson and Shaw (2001)'s summery of characteristics of micro-enterprises in developing countries, RMEs, in this paper, are defined as those kind of economical organizations that are initiated by farmers, located in rural areas, based on self-employment, operated by a household, with the employment scale no more than nine workers and their performances being deeply related with the household's welfare.

RMEs' entrepreneurs are farmers who, as the regular entrepreneurs do, similarly venture their business by integrating their financial capital, human capital and social capital. But RMEs' entrepreneurs in China never have the distinctive characteristics typically affiliated to a regular entrepreneur who usually have affluent financial capital or human capital. To the contrary, farmer-entrepreneurs are often short in financial capital and human capital and their entrepreneurship action in most circumstances aims at poverty alleviation or going out of poverty completely. Though Chinese farmer-entrepreneurs are extremely deficient in financial capital and human capital, they are still embedded in a social network. In most circumstances, social capital not only bring them financial capital or human capital, but also can improve the return rate of those capital investments. Therefore, the role of social capital of entrepreneurs on start-ups' performances in RMEs deserves a further exploration.

Social capital of Chinese private enterprisers plays an important role in helping them entering into private economy sector, accessing resources and developing their firms in China (Li Lulu, 1995). Some domestic scholars have already studied social capital's impacts on Chinese farmers such as economic status improvement, living satisfaction promotion and income increase. Zhao Yandong and Wang Fenyu (2002) think human capital and social capital is the main factor that determines which kind of economic status can be achieved for those urban and rural floating population. Chen Chengwen and Wang Xiuxiao (2004) argue that primitive social capital (strong ties) contributes more to rural workers' living satisfaction while new social capital (weak ties) are more related with their career reputation. Li Qing et al. (2009) put forward that, in order to improve farmers' income, social capital of Chinese farmers should be accumulated from self-organization system, farmers' mutual trust, governmental support, and so on. However, up to now, compared with a great amount of entrepreneurship practices in form of RMEs, theories research and empirical verification on this field are still insufficient.

Previous studies on the relationship between individuals' social capital and enterprises' performance have accomplished a lot. And these studies mainly have been carried out around two dimensions of individual social capital, namely, structural dimension and relational dimension (Nahapiet and Ghoshal, 1998; Granovetter, 1992). Nevertheless, there are some shortcomings in previous studies. At the first place, most of the studies focus on the structural dimension of individuals' social capital while a very few on the relation dimension. At the second place, more concern has been given to primitive social capital but less concern given to the social capital dynamically developed by entrepreneurs. Lastly, there are few studies addressing the contingent value of social capital considering the interfering of innovativeness of entrepreneurial opportunities. Therefore, this paper will explore the impact of social capital, which is dynamically developed by RMEs' entrepreneurs to adapt constant changes of resource needs and challenges after enterprises have been founded, on start-ups' performances simultaneously from two dimensions of social capital—structural dimension and relational dimension.

2 Theoretical Analyses and Hypotheses Projection

Entrepreneurs' primitive social networks are very significant to the foundation of enterprises. However, entrepreneurs' business networks are more essential to the performances of enterprises after enterprises have been founded. Hite and Hasterly (2001) point out that entrepreneurs' networks are mainly consisted of social embedded ties that can show entrepreneurs' primitive identity at the founding stage, but, after enterprises entering into the early growing stage, entrepreneurs' networks make for the more computed networks that have more ties based on their weighting of economic costs and earnings in order to adapt to constant changes of resource needs and challenges. For the sake of meeting functional and strategic needs of organizations, entrepreneurs will foster social capital in a more proactive attitude to form business networks that will bring them more economic benefits. The forming process of business networks is also a learning-and-adapting process as for entrepreneurs. Larson (1992) divides the dynamic development of inter-company networks into three stages when he studies relationships among enterprises and they are the formation stage of prerequisites for exchanging, the further cultivation stage of exchanging conditions and the final integrating and controlling stage. Larson believes that social relations are actually increased and enlarged under the surface of economic exchange, which in turn provide more control on the trade expansion and ultimately change the network structure. Thus, three features of business networks can be summarized below: business networks are always expected to serve for economic exchange; business networks are not only the main objective when entrepreneurs try to cultivate and reform their social capital, but also the main network carrier prepared for fruits of cultivating and reforming; entrepreneurs' business networks have a more direct impact on start-ups' performances compared to their primitive networks.

Business networks defined by Todeva (2000) are sets of repetitive transactions based on structural and relational formations with dynamic boundaries that comprise of interconnected elements (actors, resources and activities). In this paper, Business Network Embeddedness (BNE) is defined as the social capital cultivated by RMEs' entrepreneurs to facilitate business activities, which is the results after primitive social capital being dynamically developed under RMEs entrepreneurs' conscious efforts and makes a more direct impact on start-ups' performances compared to primitive social capital.

Taking Nahapiet and Ghoshal's (1998) division of social capital as reference, BNE here can be divided into two dimensions—structural embeddedness and relational embeddedness. Theoretically, structural embeddedness has two features—network ties and network configuration, but this study mainly focuses on network ties owning to the personal research abilities and the feasibility of the research. Two types of network ties are usually addressed in research: strong ties and weak ties. Strong ties are those relations that are of long duration, exercised frequently, and emotionally close, and weak ties are those that are of acquaintance (Granovetter, 1973). In this paper, structural embeddedness reflects the general way that RMEs' entrepreneurs contact with their relatives, friends and acquaintances that facilitate their businesses, while relational embeddedness reflects some special relations to which farmer-entrepreneurs resort to benefit their businesses. And relational embeddedness in this paper mainly means the feature of relational trust. Theoretical analyses on the relationship between BNE (strong ties, weak ties and relational trust) and start-ups' performance in RMEs will be given at first and then some hypotheses will be projected.

2.1 Structural Embeddedness and Start-ups' Performances

Peng and Luo Yadong (2000) believe that formal system deficiency features countries in transition and informal institutional constraints play an important role in economic exchanges as a substitution. As far as the rural areas in countries in transition are concerned, they are often covered by formal systems later than cities, so those rural areas are more exposed to informal institutional constraints in those countries. Besides, even if there are formal systems in the rural areas in China, some RMEs are so small and they are not registered in an authority, which means they are practically out of the administrative control and policy support from governments. This part of RMEs can also be called informal economy that takes a rather large percentage of the whole RMEs. As for this part of RMEs, formal systems are nearly paralyzed. It is very clear that most of RMEs search for surviving in an environment lack in formal system, so structural embeddedness, especially network ties, is likely to be a very important resource to depend on for RMEs' entrepreneurs. More analyses will be expounded by dividing network ties into two components—strong ties and weak ties.

2.1.1 Strong Ties and Start-ups' Performances

In the paper, strong ties are those relation formed with relatives and friends in BNE of RMEs' entrepreneurs. Strong ties in business networks help mould trust and reciprocal relationship between each part. They also contribute to passing more complex business information among participants. Strong ties hold each part together to make for solving problems aroused in economic exchanges. And repetitive exchanges under strong ties can limit opportunistic behaviors among RMEs' entrepreneurs and their business partners so as to reduce transaction costs. In some special occasions, those kindred strong ties that are in powerful positions can protect private properties and provide financial and political support in RMEs' entrepreneurs' need. So, hypothesis 1 is put forward.

H1: Strong ties has positive impact on start-ups' performances.

2.1.2 Weak Ties and Start-ups' Performances

On the other hand, weak ties are those relation formed with acquaintances in BNE of RMEs' entrepreneurs. Weak ties can bring about some positive effects on start-ups' performances. Sometimes, business partners with whom RMEs' entrepreneurs have occasional contacts may unconsciously provide heterogeneous and valuable information that subsequently prompts farmer-entrepreneurs to capture new opportunities of purchase, production and sale. Meanwhile, more weak ties help RMEs' entrepreneurs receive more new information which can stimulate the development of learning abilities of RMEs' entrepreneurs and improve the efficiency of resource utilization. In some circumstances, fuzzy relations between RMEs' entrepreneurs and weak ties give the former freedom of selection, thus, the former have the elasticity of accepting or rejecting the opportunities without being constrained by high expectations and responsibilities usually cast by strong ties. Besides, if RMEs' entrepreneurs just keep their trade partners as weak ties, the amount advantage existing in weak ties but not in strong ties makes it possible that RMEs' entrepreneurs can finish more trades in limited time and spaces. Based on above analyses, hypothesis 2 is put forward.

H2: Weak ties has positive impact on start-ups' performances.

2.2 Relational Trust and Start-ups' Performances

In BNE of RMEs' entrepreneurs, relational trust, which can reflect the quality of relationship very well, is originated from interactive experiences in the repeated transaction between RMEs' entrepreneurs and their relatives, friends and acquaintances that facilitate their businesses. Once relational trust is built up, it would in return provide great convenience for economic exchanges and become the premise for RMEs' entrepreneurs to access to and take advantage of more resources. Granovetter (1985) even points out in his "Embeddedness Theory" that trust is the intermediate variable when network ties effect on economic actions.

Using the study of Barney and Hansen (1994) for reference, relational trust here is defined as some confidence based on which RMEs' entrepreneurs would not take advantage of vulnerability of their relatives, friends and acquaintances that facilitate their businesses. Relational trust originally starts from the first trade, and deeply influences the formation of subsequent exchanging conditions (Larson, 1992). The influencing mechanism includes four aspects. The first one is that relational trust could deepen and enrich information exchanges between farmer-entrepreneurs and their partners, and in the further, could improve the quality of exchanged information. Information with higher quality contributes to RMEs' entrepreneurs exchanging more resources and rearranging them, so the economic exchanges are more interactive and adaptive. The second one is that relational trust makes both farmer-entrepreneurs and their partners assume that the other party will act as what they have predicted and encourages both parts to solve common problems encountered in trades actively. And then, both transaction frictions and transaction costs are reduced. The third influencing path is that, as for RMEs' entrepreneurs, relational trust can reduce the cost of searching for business partners because it will bring more trades for RMEs' entrepreneurs through "public praise". Finally, RMEs' entrepreneurs usually belong to a relatively small business network, in which local folk customs and commercial exchange norms are intertwined, resulting into some mandatory trust which can impose supervision and sanction on their business partners' opportunistic behaviors. To sum up, relational trust between RMEs' entrepreneurs and their partners has favorable potentials on value creation. And based on above analyses, we project hypothesis 3.

H3: Relational trust has positive impact on start-ups' performances.

2. 3 The Moderating Role of Innovativeness of opportunities

Opportunities, essentially speaking, is a continuum between the two extreme types—replicated type and innovative type (Zhang et al., 2008). Innovativeness of opportunities is determined by the degree of optimizing the "means-end" relationship (Eckhardt and Shane, 2003). The higher the degree of optimizing is, the more uncertain, ambiguous, and risky are the path of taking that "means-end" relationship into reality.

In the paper, innovativeness of opportunities refers to the degree of novelty about business scope or business modes of RMEs in local markets in rural areas. If the business scope or business modes have more novelty, strong ties of BNE may acts as a more significant role. First and foremost, strong ties help to convey more personal information and more complex and tacit knowledge, so it is more possible for RMEs' entrepreneurs to successfully exploit those opportunities with more innovation. In the second place, strong ties provide more emotional support which can increase RMEs' entrepreneurs' endurance for uncertainty, ambiguity, and risks. Finally, strong ties may also become the first consumers of novel products and service provided by RMEs' entrepreneurs. So, we put forward hypothesis 4.

H4: Innovativeness of opportunities positively moderates the relationship between strong ties and start-ups' performances.

But when discussing the relationbetween weak ties and start-ups' performances, the moderating role of innovativeness of opportunities is ambiguous. Why? When the business scope or business modes have more novelty, weak ties, which usually can bring heterogeneous knowledge to facilitate opportunity exploitation, may make a more positive impact on start-ups' performance.

Opportunities with less innovativeness are more liable for bystanders to copy, or in the other words, the information about opportunities with less innovativeness is easier to be formatted and delivered. Weak ties often are viewed contributing a lot to the effective delivery of formatted information. So, when the business scope or business modes have less novelty, it is more effective for weak ties to deliver the formatted information that often is called "trade secrets" to others, which will damage start-ups' performance. Subsequently, hypothesis 5 is put forward.

H5: The moderating role of innovativeness of opportunities between weak ties and start-ups' performances is uncertain.

Relational trust plays a more important role if innovativeness of opportunities is more novel. Why? On the one hand, relational trust helps to achieve at thefirst trade when business scope or business modes of RMEs are more unfamiliar as for customers. Because novelty often means uncertainty and uncertainty often involves in information's insufficiency, rarity, uneven distribution, invalid delivery and high costs (Geertz, 1978), while high-level trust between RMEs' entrepreneurs and their partners benefits to sweep these obstacles. On the other hand, the existing relational trust provides a platform for "intensive information" exchange (Larson, 1992) in the future. Novel things, whatever are business scope or business modes, which should be improved to adapt to customers' need. It is more likely for RMEs' entrepreneurs to make efficient improvement under "intensive information" exchange which is resulted from high-level trust having been built between them and their business partners. It is only "intensive information" exchange that can push business scope or business modes to be improved along the most accurate direction to really satisfy customers' need. Thus, here bring about hypothesis 6.

H6: Innovativeness of opportunities positively moderates the relationship between relational trust and start-ups' performances.

3 Research Method

3.1 Sampling and Data Collecting

3.1.1 Sampling

The survey objectives in our research are some start-ups of RMEs, which are operationally qualified to have the following five characteristics: ① entrepreneurs of RMEs must be farmers; ② location of RMEs must be in rural areas that mean county towns and areas administratively under them in China; ③ entrepreneurs of RMEs are self-employed; ④ the scale of employee is under 9; ⑤ foundation date of RMEs is after July 1, 2001 because start-ups previously were defined as enterprises younger than 8 years (Zahra et al., 2000; Helena et al. 2001) and the questionnaire survey was practiced in July, 2009.

3. 1. 2 Data Collecting

All the data were got by questionnaire survey. In the survey, the questionnaires were filled in by interviewers according to the answers of interviewees after interviewers enunciated questions one by one in case the latter are illiterate. The entrepreneurs' age, gender and education degree are directly filled in with specific information, but strong ties, weak ties and relational trust in BNE of RMEs' entrepreneurs are indirectly measured by Likert five-point-scale. Questionnaires are deliberately distributed to eastern, middle and western provinces in order to make the sample representing different rural areas with different developing levels. 200 copies of questionnaires were delivered, and 170 copies were called back among which 148 copies were valid, taking a percentage of 0. 74. Some characteristics of the sample are shown as follows.

Table 1　Characteristics of the sample

Maincharacteristics		Amount	(%)	District	Province	Amount	(%)
Gender	Male	111	75. 00	Eastern	Hebei	18	36. 49
	Female	37	25. 00		Shandong	15	
Age	<30 Y	28	18. 92		Beijing	10	
	30 ~ 40Y	61	41. 22		Jiangsu	6	
	>40 Y	59	39. 86		Zhejiang	5	
Education degree	primary school	53	35. 82	Middle	Hubei	30	42. 56
	junior middle school	66	44. 59		Jiangxi	16	
	senior middle school or higher	29	19. 59		Anhui	12	
					Shanxi	5	
				Western	Yunnan	10	20. 95
					Neimenggu	8	
					Guangx	7	
					Guizhou	6	

3. 2 Variable Definition and Measurement

3. 2. 1 Dependant Variable: Start-ups' Performances

Previous researchers have found out many approaches to measure enterprises' performance, including enterprises' survival or death, longevity of enterprises, scale of employment, growth of sale, general manifestation, growth of competitive power, and so on. An overwhelming majority of RMEs do not set up normative account books, so it is almost impossible for interviewers to get precise information on sales or profits by examining accounts. Besides, few entrepreneurs of RMEs are willing to show their account books. So examining accounts is excluded. And it is also not wise to measure RMEs' performance by scale of employment or growth of competitive power because RMEs' capability to provide job positions is very limited and just a rather minority of them can grow up to be ones having normative bureaucracy and massive market share. In many situations, the basic initiative of triggering a RME is to improve the livelihood of oneself or the whole household, that is to say, to alleviate poverty and increase income. So, it is reasonable to measure the performance of RMEs by their contribution to improving the livelihoods of RMEs' entrepreneurs or their households.

Considering RMEs' entrepreneurs' possible conservation, the questionnaires do provide optional answers to substitute for the direct questions that ask for exact answers. We set up three question items to collect the related information. They are follows: ① How to describe the proportion of the expenditure on your children' education that comes from your micro-enterprise? ② How to describe the proportion of house-building expenditure that comes from your micro-enterprise? ③ How much is the profit produced by your micro-enterprise in a regular year? As for item① and item②, 1 point to 5 point respectively represent "zero", "under 40%", "40% ~ 60%", "beyond 60%", "almost 100%". As for item③, 1 point to 5 point respectively represent "under RMB10000", "up to or beyond RMB 10000, but under RMB 20000", "up to or beyond RMB 20000, but under RMB 30000", "up to or beyond RMB 30000, but under RMB 40000" and "up to or beyond RMB 40000". We use the average score of the three question items as the measurement of start-ups' performance referring to the previous treatment in the documents (McGee et al., 1995).

3.2.2 Independent Variable

As the measurement of social capital at individual level is concerned, Lin (1999) used an approach of "position-generator" that is mainly to investigate a individual's social capital from two aspects—scale of networks and the amount of resource embedded in them. Another approach is "name-generator" (Campbell et al., 1986) that is to let a informant recall the top five agents who ever helped them and how characteristics and resources of their relationships were when the informants tries to accomplish some important task. In the domestic research of entrepreneurship, scholars usually use "name-generator" (Zhang et al. , 2008; Yang et al. , 2009). But in our pretest, RMEs' entrepreneurs were found so conservative that they rejected to directly provide detailed information that the approach of "name-generator" requested. At the same time, we expect mastering information about scale and resources of social capital. So, we mainly used "position-generator" and adapted it by combining some elements of "name-generator" to assure the accessibility and pertinences of information.

3. 2. 2. 1 Strong Ties

Strong ties are those relation formed with relatives and friends in BNE of RMEs' entrepreneurs. In order to consider the scale of strong ties and the amount of resource embedded in them and to assure the pertinences of information collected simultaneously, we design three question items to collect information indirectly. They are follows: ① In your relatives and friends, how many people can essentially help you to operate your enterprise successfully? ② In your relatives and friends, how many people are entrepreneurs? ③ In your relatives and friends, how many people are public functionaries or personnel in financial institutions? We used Likert 5-point scales to measure. As for the three question items, 1 point to 5 point respectively represent "zero", "one", "two", "three", "four", "beyond four". After doing like this, the merits are that what we get is degree information and the results of every question item can be addictive, but the shortcoming is that some numerable information is sacrificed. Subsequently, the average score of the three items is used to measure strong ties, which lies on the viewpoints of McGee et al. (1995) and Welbourne and Andrews (1996) who believed the best way is to give the same consideration to every component of a conception when there is no overwhelming theory to rank every components.

3. 2. 2. 2 Weak Ties

Weak ties are those relation formed with acquaintances in BNE of RMEs' entrepreneurs. As reasons showed above, we set up two question items to get information. They are follows: ① How many people can bring you sale opportunities whom you know but are not familiar with? ② How many people can provide you valuable information about stock purchase whom you know but are not familiar with? As for the two question items, 1 point to 5 point respectively represent "zero", "one", "two", "three", "four", "beyond four". The average score of the two items is used to measure weak ties.

3.2.2.3 Relational Trust

Relational trust is an untouchable but really existent thing between both sides in trade. It has two facets, which means one side actions trustworthily and the other side then pays out trust. Therefore, relational trust in BNE of RMEs' entrepreneurs can be measured by the trustworthiness of RMEs' entrepreneurs' business actions. In the study of Mishra (1996), trust is defined into four dimensions—competence, openness, reliability and concern. Luo (2005) adopted Mishra's conception of four dimensions and added a question item to measure trust as a whole. We follow Luo's practice and define trustworthiness into five dimensions: competence, openness, reliability, concern and integral sense of trust. Then, we design 5 question items to collect data with localization and contextualization treatment. They are follows: ① As the knowledge and techniques required in entrepreneurship is concerned, how do you feel you are competent as an entrepreneur; ② If you want to be successful, in what an extent you feel you should be honest to trade with your business partners; ③If you want to be successful, in what an extent you believe you action consistently and reliably; ④ "I will not take unfair advantage of my business partners and I think I will be successful only if I concern others' interest." As for this statement, in what an extent do you agree on; ⑤ In what an extent do your business partners trust you? 1 point to 5 point represents the increasing extent.

The result of an explorative factor analysis about relational trust is shown in Table 2. Both KMO test and Bartlett test of sphericity indicate that it is feasible to abstract a common factor from the above referred five dimensions—competence, openness, reliability, concern and integral sense of trust. Generally speaking, when using the principal component analysis in an explorative factor analysis, it is feasible to abstract a common factor if eigen value is more than 1 or variance contribution rate reaches 40%. According to this standard, a common factor is abstracted that is named as "relational trust". The common factor's variance contribution rate is 51.69%, which means 51.69% of the five dimensions' variance can be explained by the common factor. In addition, Cronbach'α, which is used to measure the interrelatedness of the five dimensions, is 0.732, beyond 0.7, therefore, the score of the common factor can be used to measure relational trust.

Table 2 The result of an explorative factor analysis of relational trust

Dimensions	Maximum	Minimum	Average	Score of factor	Cronbach' α	KMO	Bartlett test of sphericity
Competence	5	1	2.98	0.415	0.732	0.790	247.688 (p<0.001)
Openness	5	1	3.45	0.798			
Reliability	5	1	3.51	0.735			
Concern	5	1	3.53	0.801			
Integral sense of trust	5	1	2.92	0.756			

3.2.3 Moderating Variable: Innovativeness of Opportunities

Samuelsson (2004) measured the innovativeness of opportunities from four dimensions, including priority to investment of research and development, importance-attachment to patents, uniqueness of products or service and external competition pressure. The anterior two dimensions both reflect present innovative behaviors of enterprises and the posterior two dimensions are respectively pointed to future innovative fruits and present external pressure. Obviously, Samuelsson's measurement approach of innovativeness of opportunities is more oriented to the future and subsequently the collected data disclose nothing but innovativeness of inborn opportunities.

But, in this paper, innovativeness of opportunities just refers to the degree of novelty about business scope or business modes of RMEs in local markets in rural areas, which has been decided in the process of RMEs' entrepreneurs' opportunity identification in some extent. A majority of RMEs are only involved in low-level entrepreneurship and are extremely far away from R&D, patents and uniqueness of products or service. According to our survey experiences in rural areas, in most occasions, the main role of RMEs is to make even the gap between the need of farmers and the conscious ignorance of large companies on so small markets. Therefore, as for RMEs' entrepreneurs, the less their rivals are, the more innovative their businesses are in the local markets and vice versa. So we design a question item to collect data about innovativeness of opportunities, which is "How to describe the amount of your rivals?" 1 point to 5 points respectively represents the decreasing number of rivals or the increasing innovativeness.

3.2.4 Controlling Variables: Gender and Age

In the paper, gender and age are also picked out as controlling variables. Sex is set as a dummy variable with "1" denoting "male" and "0" denoting "female"; age is the actual ages of RMEs' entrepreneurs.

3.3 Data Analysis Method

Moderated multiple regression (MMR) is used to analyze the data in the paper. The basic formula is bellow:

$$y=b_0+b_1x_1+b_2x_2+b_3x_3+b_4x_4+b_5x_5+b_6x_6+b_7x_3x_6+b_8x_4x_6+b_9x_5x_6+\varepsilon \quad (1)$$

In formula (1), y is the dependent variable—start-ups' performance and b_0 is a constant; b_j ($j=1, 2, \cdots, 9$) is the coefficient of x_j; x_1 and x_2 are the controlling variables—age and gender; x_3, x_4 and x_5 are the independent variables—strong ties, weak ties and relational trust; x_6 is the moderating variable—innovativeness of opportunities; x_3x_6, x_4x_6 and x_5x_6 are the interaction terms; ε is disturbance term. A critical descriptive statistics and correlation matrix about the main research variables are shown in Table 3.

Table 3　Critical Descriptive Statistics and Correlation Matrix

Variable	Maximum	Minimum	Average	S. D	x_2	x_3	x_4	x_5	x_6	y
x_1	20.00	65.00	36.88	9.45	0.030	-0.096	-0.005	0.065	0.050	0.166**
x_2	0.00	1.00	0.75	0.43		0.049	0.071	-0.088	0.064	0.146**
x_3	1.00	5.00	2.75	0.96			0.287**	0.047**	-0.065	0.244***
x_4	2.00	4.00	2.70	0.72				0.137*	0.032	0.015
x_5	-3.66	2.48	0.00	1.03					-0.035	0.252***
x_6	1.00	5.00	3.11	1.23						0.016
y	0.72	5.00	3.23	0.89						

Note: "*", "**", "***" is respectively denoting that Significance Level is "0.1", "0.05" and "0.01".

According to Table 3, in RMEs, there is no significant correlation between x_4 or x_6 and y ($r=0.015$, $r=0.016$), but there is significant correlation between x_1, x_2, x_3 or x_5 and y, and the correlation coefficients successively are 0.166, 0.146, 0.244 and 0.252, which are respectively significant at 0.05, 0.05, 0.01 and 0.01. The correlation coefficient between x_3 and x_4 is significant at 0.05 and it reaches 0.287.

4 Results and Explanation

In order to prove the hypotheses put forth above, a set of data analyses are carried out by putting variables into the formula step by step. First is the controlling variables; then, theindependent variables; subsequently, the moderating variable; lastly, the interaction items. To solve the problem of multicollinearity, those variables related to interaction items have been subject to centralization treatment, which is using primitive measure values minus the average value of measure values to form a new sample whose average value is zero. The fitting results are given in Table 4.

Table 4 Fitting Results of Model

item	Dependant Variable: y				
	Model 1	Model 2	Model 3	Model 4	Model 5
x_1	2. 396 **	2. 753 ***	2. 625 **	2. 593 *	2. 859 ***
x_2	2. 131 **	2. 156 **	2. 304 **	2. 472 **	2. 458 **
x_3	—	4. 153 ***	2. 417 **	2. 566 **	3. 112 ***
x_4	—	-1. 269	-1. 108	-1. 352	-1. 152
x_5	—	—	2. 643 ***	2. 460 **	1. 985 *
x_6	—	—	—	0. 284	0. 266
x_3x_6	—	—	—	—	-0. 237
x_4x_6	—	—	—	—	2. 113 **
x_5x_6	—	—	—	—	1. 925 **
F	5. 206 ***	6. 989 ***	6. 565 ***	6. 692 ***	5. 568 ***
R^2	0. 044	0. 115	0. 143	0. 144	0. 179
Adjusted R^2	0. 039	0. 102	0. 115	0. 117	0. 153
ΔR^2		0. 063	0. 013	0. 002	0. 036
N, df	148, 2	148, 4	148, 5	148, 6	148, 8

Note: " * ", " ** ", " *** " is respectively denoting that Significance Level is "0. 1", "0. 05" and "0. 01".

RMEs' entrepreneurs' characteristics, both age and gender, have significant impacts on start-up's performance. Strong ties (x_3) in RMEs' entrepreneurs' business network effects positively on start-up's performances (y) and the hypothesis 1 has been testified. But weak ties (x_4) does not pass the significance test and the hypothesis 2 has not been testified. Simultaneously, Relational trust (x_5) makes a positive impact on start-up's performances (y) and the hypothesis 3 has been testified. Why has the hypothesis 2 not been testified? One possible reason is that the agents on weak ties and RMEs' entrepreneurs are practically in the same group owning to the narrowness of local environment or although they are in the different groups, those groups are homogenous, and therefore, weak ties do not have valuable heterogeneous information. Another one is that, even if weak ties have valuable heterogeneous information, there is no efficient information-delivery. The efficient information-delivery undoubtedly relies on the basic trust between both sides, while Chinese people usually prefer special trust based on strong ties to general trust (Weber, 1993) and the lack of general trust weakens weak ties' function of information-delivery.

The fittingresult of model 5, which includes the interaction terms, shows that x_3x_6 does not pass the significance test. That means x_6 does not moderate the relationship between x_3 and y. So the hypothesis 4 has not been testified. Some explanation is explored here. Strong ties can bring RMEs' entrepreneurs different benefits such as complex-and-tacit-knowledge delivery and special trust. As for more innovative opportunities, complex-and-tacit-knowledge delivery can help RMEs' entrepreneurs to exploit them more successfully. But if the opportunities are less innovative, special trust sourcing from strong ties probably can bring relatives and friends together and form as a steady customer-group in the local narrow market and let the RMEs survive. In the survey, we are told by some RMEs' entrepreneurs that it is the relatives' and friends' purchase to make their stores survive in tense competition, which is especially true if RMEs are small food stores. The interaction term x_4x_6 passes the significance test and the coefficient of this term is 2.113, far beyond zero, which illustrates x_6 positively moderates the relationship between x_4 and y. This result shows that, generally speaking, entrepreneurs' weak ties play an active role other than a negative one in RMEs. The hypothesis 6 has been testified because the coefficient of x_5x_6 is positive and significant simultaneously.

In order to disclose the moderating role ofx_6 on the relationship between x_4 and y deeply, the original sample is divided into two sub-samples by taking the average value of x_6 as the critical value. If the measure values of x_6 are up to or beyond the critical value, they will be put into sub-sample 1, which is named high-opportunity-innovativeness group; if the measure values are less than the critical value, they will be put into sub-sample 2, which is named low-opportunity-innovativeness group. Then, taking x_4 as the independent variable and y as dependent variable, one simple linear regression model is built in each sample. Figure 1 shows the moderating role of x_6 on the relationship between x_4 and y more clearly. Do the same thing to clarify the moderating role of x_6 on the relationship between x_5 and y, the result is showed on Figure 2.

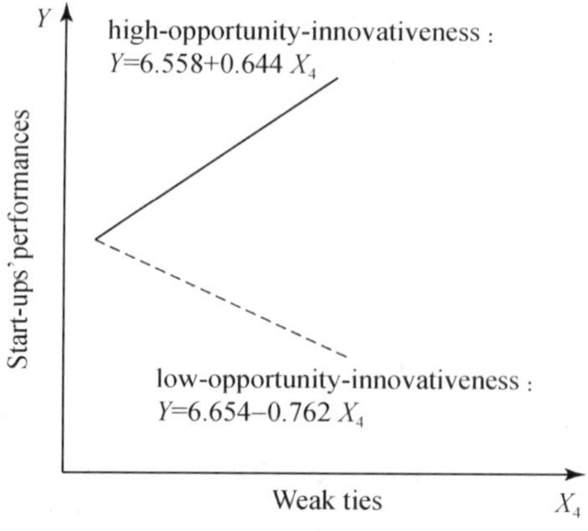

Figure 1

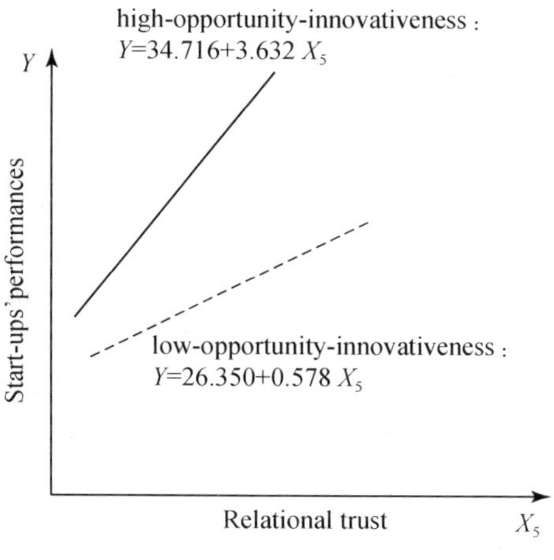

Figure 2

Figure 1 discloses that x_6 moderates the relationship between x_4 and y in an interfering way. In the high-opportunity-innovativeness group, x_4 and y are positively related. The reason behind it we have addressed previously. In high-opportunity-innovativeness group, a lot of weak ties can really compensate RMEs' entrepreneurs' lack in knowledge and information and help them to successfully exploit these opportunities and, subsequently, RMEs' performances can be efficiently improved. On the contrary, in the low-opportunity-innovativeness group, x_4 and$y$are negatively related. Why does this phenomenon happen? According to the previous analysis, that weak ties bring the leakage of "trade secret" is a possible reason. But there was no entrepreneur who mentioned the problem. In our survey, a new kind of complaints from RMEs' entrepreneurs emerged. The entrepreneurs of hardware stores and food stores often complained that they had to sell on credit because farmers usually began to build house in spring or purchased subsidiary foodstuffs all the year but it was till winter that farmers could pay cash by their income from being farmer-workers. So, we guess that low-opportunity-innovativeness results in violent competition for RMEs' entrepreneurs and they have to practice a loose credit policy. Sometimes, the credit policy is so loose that RMEs' entrepreneurs sell goods on credit to so many acquaintances without enough credit records. The more the acquaintances are, the more the sales on credit are. When sales on credit become bad debts in the future, the start-up's performance will be finally damaged.

At the same time, Figure 2 shows that x_6 moderates the relationship between x_5 and y in a reinforcing way. Whether in the high-opportunity-innovativeness group or the low-opportunity-innovativeness group, x_4 and y are positively related. But, the coefficient of x_5 in the former group is much more than that in the latter. The possible reason is that the role of relational trust will become more important when RMEs' entrepreneurs are engaged in more novel opportunities. Because relational trust can efficiently solve the problems of information's insufficiency, rarity, uneven distribution, invalid delivery and high delivery costs.

5 Conclusions and Implications

Based on the survey data, the paper carries out an empirical research on the role of BNE of RMEs' entrepreneurs on start-ups' performances by using a moderated multiple regressions model. Four important conclusions are attained and the related practice implications and management implications are indicated below.

In the first place, the structural embeddedness of BNE makes a complicated impact on start-ups' performances. Strong ties positively effects on start-ups' performances but weak ties has no significant impact on start-ups' performances. The conclusion illustrates that strong ties are the very critical resource for RMEs' entrepreneurs and they should make a great use of this kind of resources to improve start-ups' performances.

In the second place, the relational embeddedness of BNE, relational trust, makes a significantly active impact on start-ups' performances. The fitness of model has been improved enormously after the variable of relational trust being put into the formula. The conclusion illuminates that, as for RMEs' entrepreneurs, they should devote not only to weave extensive network ties, but also to improve the quality of relationship adhered to those ties. That is to say RMEs' entrepreneurs should focus on the building of active relational trust with relatives, friends and acquaintances that facilitate their businesses.

In the third place, innovativeness of opportunities moderates the relationship between weak ties and start-ups' performances in an interfering way. The conclusion implies two directions. One is that RMEs' entrepreneurs should form and use acquaintances to exploit opportunities with more novelty. Another one is that, as for opportunities just with less novelty, RMEs' entrepreneurs should be on guard against selling goods to acquaintances.

In the forth place, innovativeness of opportunities moderates the relationship between relational trust and start-ups' performances in a reinforcing way. The conclusion enlightens RMEs' entrepreneurs that the more novel the opportunity is, the more consciously they should foster relational trust with their relatives, friends and acquaintances that facilitate their businesses. Because it can substantially decrease the negative effects of uncertainty that usually features those more novel opportunities and make start-ups perform better.

At the same time, management implications are listed here: ①social capital, both its structural dimension and its relational dimension, can make important impacts on micro-enterprises' performances; ② the social capital dynamically developed by entrepreneurs to meet functional and strategic needs significantly effects on micro-enterprises' performances; ③ the nature or magnitude of relationship between social capital and micro-enterprises' performances are changeable if innovativeness of entrepreneurial opportunities fluctuates.

6 Limitations and Future Research

In fact, in the discussion of Nahapiet and Ghoshal (1998), social capital has three dimensions—structural embededness, relational embededness and cognitive embededness. But in this paper, we do not address cognitive embededness that is usually related with culture and politics context, but what we ignore whether and how effects on enterprises' performances still need more examination. Another limitation is that the data used in the paper is cross-sectional data but not longitudinal data. Future research should build a more detailed theoretical model and use a follow-up survey to get a longitudinal data. In addition, that the correlation coefficient between strong ties and weak ties is significant and reaches at 0.287 results in a new problem—what is the relationship between two kinds of ties—that also deserves attention in management and sociology.